ANITA BECHLOCH

The
Glow
Code

SKIN-FOOD UND
NATURKOSMETIK
ZUM SELBERMACHEN

The Glow Code

SKIN-FOOD UND NATURKOSMETIK ZUM SELBERMACHEN

INHALT

LIEBE LESERINNEN,
LIEBE LESER,

ich freue mich sehr, Ihnen nach dem ersten Teil von »The Glow« wieder neue Naturkosmetik-Rezepte präsentieren zu dürfen. Allerdings unterscheidet sich dieses Buch in einem Punkt ganz grundlegend vom ersten: »The Glow-Code« ist der Schlüssel zu einem noch weitreichenderen Ansatz der Haut- und Haarpflege, der die Ernährung und generelle Lebensweise mit einbezieht. Diese Zusammenhänge habe ich im ersten Teil von »The Glow« nur angerissen, dieses Buch hingegen widmet sich komplett diesem Thema.

Zusammen mit der Ernährungsberaterin Amrei Korte habe ich ein 28-Tage-Programm entwickelt, das Ihrer Haut zu einem Neustart verhilft und sie sowohl von außen als auch von innen regeneriert. Sie werden nicht nur besser aussehen, sondern auch mehr Energie haben und wahrscheinlich auch ganz nebenbei ein paar Kilos abnehmen, falls Sie das wünschen.

Ich wünsche Ihnen viel Freude mit dem Buch und viel Spaß beim Ausprobieren der Rezepte!

Herzlichst, Ihre

Die

Haut

Was ist das Geheimnis schöner Haut?
Die gute Nachricht: Es liegt nicht nur an den Genen!
Mit der richtigen Kombination aus Pflege,
gesunder Ernährung und einem bewussten Lebensstil
lassen sich Hautprobleme und vorzeitige Hautalterung
gezielt vorbeugen. Und das ganz ohne Chemie!

DAS GEHEIMREZEPT

für strahlende Haut

Eine gesunde, klare, strahlende Haut stärkt unser Selbstbewusstsein und lässt uns der Außenwelt mit einem guten Gefühl gegenübertreten. Wie man dazu kommt? Das Glow-Programm verrät Ihnen, wie Sie mit Pflegeprodukten aus natürlichen Zutaten und einem bewussten Lifestyle Ihre Haut in nur 28 Tagen wieder zum Leuchten bringen.

Warum altern manche Menschen im Schneckentempo, obwohl sie sich kaum um ihre Haut kümmern, während andere die teuersten Pflegeprodukte verwenden und trotzdem im Alter von 40 Jahren schon voller Falten sind?
Wieso bekommen manche Menschen ihre unreine Haut nie in den Griff, während andere scheinbar ihr ganzes Leben lang keinen einzigen Pickel haben? Sind sie einfach mit guten Genen gesegnet oder verfolgen sie eine bestimmte Lebensweise, die für ihr gutes Aussehen verantwortlich ist? Mit anderen Worten: Gibt es ein Geheimrezept für strahlend schöne, gesunde und reine Haut – und, falls ja, wie lautet es?
Die gute Nachricht vorweg: Egal wie alt Sie sind und wie Sie bisher gelebt haben, Sie können das Aussehen Ihrer Haut dramatisch verbessern. Dieses Buch möchte Ihnen zeigen, wie.

NATURKOSMETIK
Der erste Schritt ist die Umstellung auf eine komplett natürliche und chemiefreie Pflege. Naturkosmetik boomt, mittlerweile ist sie mehr als nur ein Trend, sie ist vielmehr eine Bewegung geworden. Immer mehr Menschen hinterfragen schon seit Jahren die Qualität ihrer Lebensmittel und setzen vermehrt auf Essen aus kontrolliert biologischem Anbau. Dieses Bewusstsein weitet sich nun auch auf die Hautpflege aus. Da Naturkosmetik kein geschützter Begriff ist und auch große Konzerne den Trend zur Natürlichkeit erkannt haben, verschwimmt die Grenze zwischen echter Naturkosmetik und »naturnaher« Kosmetik immer mehr. Viele Erzeugnisse sehen zwar von der Verpackung her »grün« aus, enthalten aber immer noch reichlich unnötige synthetische Inhaltsstoffe. Die wirklich reinen und hochwertigen Produkte sind dagegen oft sehr teuer und nicht überall erhältlich. Dabei ist es gar nicht so schwer, die eigene Skincare selbst herzustellen. Mit normalem Küchenequipment und nur wenig Zeitaufwand lassen sich viele Cremes, Scrubs und Lotionen im Handumdrehen selbst anrühren. Dieses Buch zeigt Ihnen, wie Sie mit möglichst wenigen Zutaten eine wirklich reine und reduzierte Kosmetikserie kreieren können, die Ihre Haut regeneriert, sie atmen und wieder strahlen lässt. Sie verwenden dabei nur rei-

ne, hochwertige und hauptsächlich pflanzliche Ausgangsstoffe. Die Devise heißt: Was wir nicht in den Mund nehmen würden, tragen wir auch nicht auf unsere Haut auf!

GLOW-FOOD

Aber (es gibt immer ein Aber!): Pflegeprodukte sind nie allein für eine gute Haut verantwortlich. Von innen heraus strahlende Haut – der viel zitierte Glow – lässt sich nicht einmal mit der teuersten und besten Creme erzielen. Falten ausradieren, Pigmentflecken mildern, Akne heilen – egal was Ihnen die Werbung verspricht: Kein Produkt der Welt kann Ihre Haut dauerhaft regenerieren oder heilen, wenn ein grundlegendes, inneres Problem diese Symptome verursacht.

Das gilt übrigens nicht nur für konventionelle Kosmetik, sondern auch für Naturkosmetik – ja, auch für die selbst hergestellte! Mit »The Glow Code« möchte ich ein Bewusstsein dafür schaffen, dass schöne Haut kein Privileg von Menschen ist, die mit guten Genen ausgestattet sind, sondern dass jeder diesen Zustand zu jeder Zeit erreichen kann – mit einer Einschränkung: Wer gute Haut haben will, muss ganzheitlich denken. Das bedeutet, dass Sie Ihren Lebenswandel eventuell etwas umstellen müssen, und damit ist nicht nur die Hautpflege, sondern vor allem die Ernährung und Ihr genereller Lebensstil gemeint. Nahrungsmittelunverträglichkeiten, Allergien und chronische Entzündungen, einseitige Ernährung, hormonelles Ungleichgewicht und Stress setzen Ihrer Haut mindestens genauso zu wie falsche Pflege. Daher widmet sich dieses Buch ganz gezielt diesem zweiten, genauso wichtigen Aspekt der Hautgesundheit.

Strahlende Haut dank natürlicher Pflege und gesunder Ernährung.

SO GEHT'S

Das 28-Tage-Programm erklärt Ihnen im Detail, was Sie tun müssen und wie sich Ihr neuer Lifestyle ganz einfach in Ihren Alltag integrieren lässt. So sind die Rezepte zur Herstellung Ihrer eigenen Skincare bewusst einfach gehalten: Sie kommen mit nur wenigen Zutaten aus, die sich zudem vielfach kombinieren lassen (→ Seite 50), obendrein sind die Produkte im Handumdrehen angerührt. Auch die in diesem Buch vorgestellten Food-Rezepte sind leicht nachzukochen und innerhalb kurzer Zeit serviert. Manche lassen sich sogar prima vorbereiten und mitnehmen, sodass Sie auch im Büro nicht auf Ihr Glow-Food verzichten müssen. Und mal ehrlich: Wer wünscht sich nicht täglich etwas mehr Bewegung oder Entspannung? Die Vorteile sind enorm: Sie werden nicht nur jünger aussehen, sondern auch mehr Energie haben und nebenbei ganz locker ein paar Kilos abnehmen. Lassen Sie sich überraschen, wie einfach Sie Ihre Haut pflegen und sich nebenbei ein wenig verwöhnen können. Vorab jedoch ein paar Infos zu den Hintergründen von Hautalterung und Hautproblemen, damit Sie besser nachvollziehen können, an welchen Stellen das 28-Tage-Programm gezielt ansetzt.

ANTI-AGING

Kann man Hautalterung verlangsamen?

Wie lange unsere Haut jung aussieht, ist nur zu einem Teil genetisch vorprogrammiert. Denn wir können zumindest ein paar der Ursachen beeinflussen, die zu vorzeitiger Hautalterung führen. Genau hier setzt das 28-Tage-Programm an: Es zeigt Ihnen, welche Faktoren Ihre Haut angreifen und wie Sie diese Schäden vermeiden oder reparieren können.

HAUTERNEUERUNG

Eine junge, gesunde Hautzelle erneuert sich etwa einmal im Monat, indem sie einfach eine Kopie ihrer selbst erstellt. Anstelle der alten Zelle entsteht so eine identische neue. Der Alterungsprozess beginnt, wenn die Zellteilung sich ver-langsamt oder die Zellen ihre Fähigkeit verlieren, sich exakt zu replizieren. Eine entscheidende Rolle spielen hierbei Telomere. Sie sind wie kleine Schutzkappen, die auf den Enden der Chromosomen sitzen und diese zusammenhalten. Die Chromosomen als Träger des Erbguts werden von Mutter- zu Tochterzelle weitergegeben. Doch jede neue Zellteilung bewirkt, dass die Telomere kürzer werden, bis sie irgendwann nicht mehr in der Lage sind, die Chromosomen zusammenzuhalten. Dann können Schäden an der Zelle entstehen, die im schlimmsten Fall sogar zu Zellveränderungen wie Krebs führen können. Um das zu verhindern, stirbt die Zelle entweder ab oder wird vom Körper stillgelegt, das heißt, sie bleibt zwar weiterhin erhalten, kann sich aber nicht mehr erneuern – sprich: Sie altern.

HAUTALTERUNG

Doch was genau passiert mit der Haut, wenn wir altern? In erster Linie nehmen die Strukturproteine Kollagen und Elastin ab. Elastin hält die Haut geschmeidig und, wie der Name schon sagt, elastisch. Kollagen polstert sie von innen

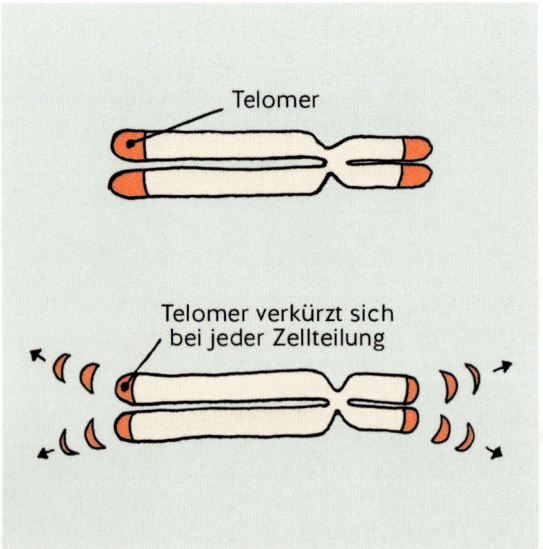

Die Telomere an den Enden der Chromosomen stabilisieren das Erbgut.

auf und sorgt dafür, dass sie fest und prall ist. Zudem hilft es, Feuchtigkeit zu speichern. Wenn Kollagen und Elastin abnehmen, bröckelt sozusagen das Stützkorsett der Haut, sie wird dünner und trockener, Falten entstehen.

Doch nicht nur Falten lassen die Haut älter aussehen, vor allem ein fleckiger, unebener Teint gilt als Hauptmerkmal der Hautalterung.

Der Zahn der Zeit nagt allerdings nicht nur an der Haut. Auch Haare verlieren an Volumen und Glanz, Augenbrauen und Wimpern werden spärlicher, die Körperhaltung verliert an Spannung. Mit anderen Worten: düstere Aussichten. Das bringt uns direkt zu der entscheidenden Frage: Kann man die Uhr zurückdrehen?

HAUTVERJÜNGUNG

Es ist nicht nur möglich, den Alterungsprozess mit der richtigen Lebensweise zu verlangsamen, man kann die Haut sogar wieder verjüngen, und zwar ganz natürlich und nachhaltig. Der Effekt ist nicht so drastisch wie bei Botox und Fillern, dafür sehen Sie natürlich und nicht »gemacht« aus. Sprich: wie Sie selbst, nur besser!

Die genetische, altersbedingte und damit unvermeidbare Hautalterung bleibt leider keinem von uns erspart, egal wie gesund wir uns ernähren oder womit wir uns eincremen. Doch wie schnell dieser Prozess abläuft, lässt sich sehr wohl beeinflussen. Oxidativer Stress durch freie Radikale (→ Glossar) schädigt die Zellen vorzeitig und lässt unsere Haut schneller altern. Verantwortlich sind in erster Linie Umweltgifte, UV-Strahlung, und natürlich schlechte Ernährung.

Studien belegen, dass Menschen, die eine ausreichend große Menge der Vitamine B_{12}, C, E und D_3 sowie Zink, Eisen, Magnesium, Folsäure und ungesättigte Omega-3-Fettsäuren zu sich nehmen, längere Telomere aufweisen als solche, die mit diesen Nährstoffen unterversorgt sind. Auch Menschen, die sich regelmäßig bewegen und gemäßigt Sport treiben, sind in dieser Hinsicht besser ausgestattet als Couch-Potatoes.

Oxidativer Stress durch freie Radikale schädigt die Zellen vorzeitig. Besonders UV-Strahlung lässt unsere Haut schneller altern. Achten Sie daher immer auf ausreichenden Sonnenschutz!

Beide Aspekte verbindet das The Glow 28-Tage-Programm. Das bedeutet, dass Sie damit aktiv Ihre Telomerlänge verbessern können – im Klartext: Sie werden den Alterungsprozess hinauszögern! Durch eine gute Versorgung mit Nährstoffen, die für schöne Haut unerlässlich sind (→ Seite 110), lässt sich vor allem Folgendes erreichen:

♦ Sie kurbeln die Kollagenproduktion wieder an, die Haut wird dadurch praller und fester.

♦ Ihre Haut kann Feuchtigkeit besser speichern, Trockenheit und Spannungsgefühl nach dem Waschen minimieren sich.

♦ Feine Fältchen werden gemildert.

Wenn Sie Ihre Haut nun noch mit der selbst hergestellten, naturreinen Skincare reinigen und pflegen, verhelfen Sie ihr auch von außen wieder zu ihrem natürlichen Strahlen!

HAUTPROBLEME

erkennen und gezielt angehen

Doch was genau sind die Hauptauslöser für vorzeitige Hautalterung und ganz grundsätzlich für Hautprobleme? Eine Vielzahl verschiedener Faktoren kommt hierfür infrage, denn die Haut ist nicht nur Schutzmantel gegen Umwelteinflüsse von außen, sondern reagiert auch auf ein Ungleichgewicht im Inneren des Körpers.

Die Haut ist unser größtes Organ. Größer als das Herz, das Hirn oder die Lunge – und genauso lebenswichtig. Sie ist einerseits unglaublich stark und flexibel, gleichzeitig aber auch leicht verwundbar und schnell aus dem Gleichgewicht zu bringen. Sie ist der »Spiegel unserer Seele«, unsere wasserfeste Schutzhülle, sie reguliert unseren Temperaturhaushalt und transportiert als eines der wichtigsten Ausscheidungsorgane etwa ein Drittel aller Giftstoffe wieder nach außen.

Doch anders als die restlichen Organe ist die Haut auch ganz unmittelbar äußeren Einflüssen ausgesetzt. Luftverschmutzung, UV-Strahlung, vor allem aber Chemikalien, die wir über die Lunge oder die Haut aufnehmen, schädigen die Zellen und bringen unseren Hormonhaushalt durcheinander. Das resultierende Chaos im Körper äußert sich auch in der Haut. Deswegen ist es so wichtig, unsere Skincare auf ungiftige und natürliche Inhaltsstoffe umzustellen.

Die Haut kommuniziert sogar mit uns und sendet Warnsignale. Symptome wie Trockenheit, Cellulite, Ausschlag, Ekzeme oder hartnäckige Akne lassen uns wissen, dass es ein Problem oder Ungleichgewicht im Inneren des Körpers gibt. Neben den bereits erwähnten hormonellen Störungen sind dies zumeist Mikroentzündungen oder eine aus dem Takt geratene Darmflora.

GESCHÄDIGTE DARMFLORA

Vitamine, Antioxidantien und Mineralien sind absolut unverzichtbar für den Glow, denn genau wie alle anderen Organe muss die Haut gut von innen mit Nährstoffen versorgt werden. Sie unterstützen die Kollagenbildung und die Zellerneuerung, machen freie Radikale unschädlich, verbessern die Durchblutung – kurzum: Sie sorgen für einen prallen, rosigen, gesunden Teint. Der beginnt allerdings zu leiden, wenn wichtige Nährstoffe dem Körper nicht zugeführt werden oder – und das ist das häufigere Problem – wenn sie nicht richtig verwertet werden können, weil die Darmflora im Ungleichgewicht ist.

NÜTZLICHE HELFER

Unsere Darmflora besteht aus Milliarden von Bakterien. In der richtigen Zusammensetzung helfen sie dabei, für uns unverdauliche Nahrungskomponenten abzubauen, und stellen daraus Nährstoffe her, die für unzählige Prozesse im Körper eine entscheidende Rolle spielen. Dazu gehören beispielsweise auch die Vitamine B_7 (Biotin) und B_{12}, die ungemein wichtig für die Erneuerung von Haut, Haaren und Nägeln sind und unsere Zellen mit Sauerstoff versorgen.

AUS DER BALANCE

Dieser positive Effekt tritt jedoch nur dann ein, wenn im Darm Bedingungen herrschen, unter denen sich die hilfreichen Bakterien gut vermehren können. Andernfalls nehmen unerwünschte Keime überhand und Probleme stellen sich ein. Eines davon ist übrigens Akne. Woran Sie sonst noch erkennen, dass Ihre Darmflora aus dem Gleichgewicht geraten ist? Das sind die Zeichen:

◆ regelmäßige Blähungen und Völlegefühl
◆ Verstopfung und/oder Durchfall
◆ Schwierigkeiten beim Abnehmen
◆ Kopfschmerzen und Konzentrationsschwäche
◆ erhöhte Anfälligkeit für Erkrankungen
◆ Akne, besonders (aber nicht nur) am Kinn
◆ neue Unverträglichkeiten und/oder Allergien

DON'TS

Schädigende Faktoren sind:
◆ Hormone, Antibiotika, Dünger und Pestizide aus konventioneller Landwirtschaft und Tierhaltung
◆ Übersäuerung durch falsche Ernährung (v. a. Zucker, Alkohol und ungesunde Fette)
◆ Stress

DOS

Hier greift unser Programm an:
◆ Sie ernähren sich hauptsächlich basisch, das unterstützt eine gesunde Darmflora.

Ein chronischer Erschöpfungszustand belastet den Organismus erheblich.

◆ Zucker (auch aus Weißmehl-Produkten) und Alkohol sind aus der Ernährung gestrichen.
◆ Hormone aus konventionellen Milchprodukten werden komplett vermieden.
◆ Für den Stressabbau sorgen ausreichend Bewegung und Entspannung.

Falls Sie bereits öfter Antibiotika benötigt haben, seit Jahren die Pille nehmen oder sich viel von Zucker, Weißmehl und rotem Fleisch ernähren, ist eventuell eine Darmsanierung beim Heilpraktiker oder Arzt ratsam, besonders wenn Sie chronische Verdauungsprobleme bemerken.

CHRONISCHE ENTZÜNDUNGEN

Schlagen Sie sich mit hartnäckigen Hautproblemen wie Akne, Schuppenflechte, Ekzemen oder Neurodermitis herum? Haben Sie dunkle Augenringe, die auch nach ausreichend Schlaf nicht verschwinden, oder werden Sie von Allergien geplagt? All das sind Symptome dafür, dass in Ihnen eventuell ein chronischer Entzündungsherd schwelt. Damit ist nicht die Art von akuter Entzündung gemeint, die eintritt, wenn Sie sich z. B. in den Finger geschnitten haben und dieser vorübergehend rot und heiß wird. Diese Reaktion ist zwar schmerzhaft, aber überlebenswichtig,

DIE HAUT KOMMUNIZIERT SOGAR MIT UNS UND SENDET WARNSIGNALE, WENN ES EIN UNGLEICHGEWICHT IM KÖRPER GIBT.

Dauerhafter Stress facht chronische Entzündungen an und sorgt für ein hormonelles Ungleichgewicht, dadurch wird auch die Haut in Mitleidenschaft gezogen. Akne, Ekzeme und extreme Trockenheit können die Folge sein.

ALARMSIGNALE

Überlegen Sie doch einmal genauer – folgende Punkte weisen darauf hin, dass auch Sie von chronischer Entzündung betroffen sein könnten:

- dauerhafter Stress
- falsche Ernährung (viel Weißmehl, Zucker und tierische Produkte)
- Schlafdefizit
- Allergien (z. B. Heuschnupfen)
- regelmäßiger Alkoholkonsum, Rauchen
- wiederkehrende Hautprobleme
- wiederholte Gelenk- oder Rückenschmerzen
- Übergewicht

KEINEN VORSCHUB LEISTEN

Falls auf Sie nur einer oder sogar mehrere dieser Faktoren zutreffen, geht das Thema mit großer Wahrscheinlichkeit auch Sie etwas an. Falls sich der Entzündungsherd nicht durch eine gezielte Behandlung ausräumen lässt, können Sie mit Ihrer Ernährung und Ihrem Lifestyle entweder den Prozess weiter anfachen und damit die Hautalterung beschleunigen oder die Entzündung eindämmen, damit Ihre Haut sich regeneriert. Hier greift das 28-Tage-Programm an:

- Wir essen viel Obst und Gemüse mit hohem Anteil an bioaktiven Substanzen (→ Seite 110).
- Pflanzliches Eiweiß aus Avocados, Nüssen und Hülsenfrüchten dämmt die Entzündung ein.
- Das Gleiche gilt für Lebensmittel, die reich an ungesättigten Omega-3-Fettsäuren sind. Dazu zählen Leinsamen, Walnüsse, Hanfsamen und deren Öle, aber auch fettiger Seefisch.
- Bewegung baut Stresshormone ab, auch das hilft gegen chronische Entzündungen.

denn sie tötet Keime und Bakterien ab und leitet die Heilung des verletzten Gewebes ein. Chronische Entzündungen hingegen sind heimtückischer, da weniger offensichtlich. Stellen Sie sich ein konstantes Feuer im Inneren vor, das unsere Organe und Zellen auslaugt. Der chronische Prozess greift auch die Telomere (→ Seite 12) an. Für die Haut bedeutet das: Sie altert schneller. Doch die Folgen chronischer Entzündungen sind noch viel weitreichender, sie gelten als Auslöser für Autoimmunkrankheiten, Alzheimer, Krebs und andere schwerwiegende Erkrankungen. Es ist also immens wichtig, nicht nur die äußerlichen Anzeichen der Entzündung zu beseitigen, sondern vor allem deren Ursache zu bekämpfen.

HORMONE

Pickel machen vielen Teenagern ein paar Jahre lang das Leben zur Hölle. Kaum in die Pubertät geraten, spielen die Hormone verrückt und mit ihnen die Haut. Aber wie kann es sein, dass wir immer öfter auch im Erwachsenenalter von diesen lästigen Hautunreinheiten geplagt werden? Auf einmal gesellen sich zu ersten Fältchen auch noch Pickel hinzu – das Leben ist ungerecht!

Ein häufiger Auslöser dafür ist der aus dem Gleichgewicht geratene Hormonhaushalt. Ein Zustand, der sich nicht nur in Hautunreinheiten und Akne, sondern in vielen anderen, manchmal widersprüchlichen Symptomen äußert:

• dünne, trockene, stumpfe Haut oder plötzlich fettige Haut mit hartnäckigen Unreinheiten
• Pigmentflecken, schnelle Faltenbildung
• dünner werdendes Haar
• brüchige Fingernägel
• Gewichtszunahme (besonders Bauch, Hüften)
• Cellulite
• ständiger Erschöpfungszustand
• Probleme, ein- bzw. durchzuschlafen
• emotionales Ungleichgewicht
• Libidoverlust

Doch was sind hierfür die Hauptauslöser?

CHEMIKALIEN

Xenoöstrogene sind Chemikalien, die das weibliche Sexualhormon Östrogen imitieren und so unser hormonelles Gleichgewicht durcheinanderbringen. Sie stehen auch im Verdacht, die immer früher einsetzende Pubertät bei Mädchen auszulösen, Fruchtbarkeitsprobleme zu bereiten und für ein erhöhtes Risiko von Krebs (besonders Brust- und Gebärmutterhalskrebs) zu sorgen. Diese Stoffe findet man unter anderem sehr oft in konventionellen Hautpflegeprodukten. Das 28-Tage-Programm zeigt Ihnen, wie Sie eine synthetikfreie Pflegeserie herstellen können, die ganz ohne hormonimitierende Stoffe auskommt.

TIERISCHE PRODUKTE

Fleisch- und Milchprodukte aus Massentierhaltung enthalten nicht nur Antibiotika und Pestizide, die unsere Darmflora schädigen, sondern auch Wachstumshormone. Diese lassen nicht nur die Jungtiere schneller heranreifen, sondern bei Ihnen auch die Pickel sprießen. Deswegen sollten Sie Fleisch- und Milchprodukte in Maßen und nur aus biologischer Herkunft konsumieren, bevorzugt aus Weidelandhaltung.

STRESS

Wenn wir gestresst sind, schütten die Nebennieren die Hormone Adrenalin und Cortisol aus und bereiten den Körper somit darauf vor, sich zu verteidigen – an sich eine gute und überlebenswichtige Reaktion auf Gefahr. Problematisch wird es nur, wenn wir dauerhaft gestresst sind und diese Hormone tagtäglich auf uns einprasseln. Der Körper befindet sich quasi ständig im Ausnahmezustand und kümmert sich nur noch um lebenswichtige Funktionen – für die Reparatur der Hautzellen bleiben da keine Kapazitäten übrig. Dewegen altern wir quasi im Zeitraffer, wenn wir längere Zeit unter Druck stehen. Cortisol schädigt das Hautgewebe, zerstört Elastin wie auch die Kollagenstränge und drosselt die Produktion von feuchtigkeitsspeichernder Hyaluronsäure. So entsteht dünne, trockene und faltige Haut. Gleichzeitig wird das Blut abgezogen, die Versorgung mit Sauerstoff und Nährstoffen ist nicht mehr ausreichend. Die Haut wirkt stumpf, fahl und kann Giftstoffe weniger gut abbauen. Es kann aber auch das andere Extrem eintreten: Wenn die Haut nicht mehr genügend Feuchtigkeit binden kann, kompensiert sie dies mit einer Überproduktion von Talg, so entstehen Pickel. Sie sehen: Genau wie Chemikalien ist auch Stress pures Gift für die Haut. Deswegen sind Stressabbau und Entspannung wichtige Bestandteile des 28-Tage-Programms.

STRESSFREI

zum Glow

Wie wir eben festgestellt haben, ist Stress der Glow-Killer schlechthin.
Ihn in den Griff zu bekommen ist allerdings leichter gesagt als getan. Hier finden Sie
ein paar Ideen, wie Sie ohne großen Zeitaufwand im Alltag Stresshormone
wieder abbauen und damit Ihren Glow aktivieren können!

BEWEGUNG

Bewegung baut Stresshormone wieder ab, dämmt chronische Entzündung ein und kurbelt die Durchblutung an. Ihre Haut wird so besser mit Sauerstoff und Nährstoffen versorgt. Grundsätzlich gilt: Jede Art von Bewegung, die Ihnen Spaß macht und abzuschalten hilft, ist gut.

Hochintensives Intervalltraining (HIIT) soll Forschungen zufolge die Telomerlänge verbessern und gleichzeitig zur Ausschüttung des Anti-Aging-Hormons hGH (human Growth Hormone) führen. Das Beste daran: Dieses harte, aber kurze Training können Sie auch zu Hause durchführen! Es dauert maximal 20 Minuten, und man sollte es nicht öfter als dreimal die Woche praktizieren. Klingt machbar, oder?

Bei HIIT trainieren Sie in mehreren kurzen Intervallen, die je nach Kondition 15 bis 60 Sekunden dauern sollten. Danach folgt eine kurze Pause, etwa dreimal so lang wie die Belastungsphase. Hier ein Beispiel: 15 Sekunden Sprinten – 45 Sekunden gehen, und das Ganze dann circa 10 Minuten lang wiederholen. Alternativ können Sie auch Liegestützen, Kniebeugen oder »Burpees« (Mischung aus Kniebeuge, Liegestütz und Strecksprung) machen – Hauptsache, Sie bringen sich kurz an die Belastungsgrenze.

Doch Vorsicht: Falls Sie sich sowieso schon körperlich müde und ausgebrannt fühlen, zwingen Sie sich nicht auch noch zu diesen anstrengenden Workouts oder in die Cyclingklasse, das überfordert Ihren Organismus nur noch mehr. Schalten Sie stattdessen einen Gang runter, und probieren Sie es mit Yoga, Pilates, Schwimmen oder einfach Spazierengehen.

Hochintensives Intervalltraining (HIIT) verbessert die Telomerlänge und ist ein effektives Anti-Aging-Mittel!

MEDITATION

Meditation ist nicht nur ungemein beruhigend, sie kann – regelmäßig praktiziert – sogar den Alterungsprozess verlangsamen! Eine Studie der Universität von San Antonio in Texas hatte zum Ergebnis, dass 15 Minuten Meditation täglich die Produktion des Enzyms Telomerase ankurbeln. Dieses Enzym baut die Telomerlänge wieder auf und verlangsamt somit die Zellalterung. Meditation steigert auch die Produktion solcher Anti-Aging-Hormone wie hGH. Im Körper bewirkt das langsame, rhythmische Atmen die Aktivierung des Parasympathikus, einem Hauptnerv des vegetativen Nervensystems, der auch als »Ruhe-« oder »Erholungsnerv« bezeichnet wird. Denn unter anderem senkt er auch den Puls und den Blutdruck und lindert somit Stress und Angstzustände. Auf den Punkt gebracht: Meditation und eine positive Grundeinstellung machen uns schöner und halten uns länger gesund!

Hier eine einfache meditative Atemübung aus der Yogapraxis (Nadi Shodana Pranayama):

• Setzen Sie sich hierzu bequem, aber aufrecht hin und schließen Sie die Augen.

• Ihre linke Hand liegt in Ihrem Schoß, Sie brauchen nur die rechte.

• Nun halten Sie sich mit Daumen und Ringfinger abwechselnd die Nasenlöcher zu, sodass Sie immer nur durch eines ein- bzw. ausatmen.

• Fangen Sie mit dem rechten Nasenloch an, und halten Sie es mit dem Daumen der rechten Hand zu. Dann atmen Sie langsam und tief durch das linke Nasenloch ein.

• Wenn die Lunge komplett gefüllt ist, halten Sie mit dem Ringfinger das linke Nasenloch zu und atmen durch das rechte wieder aus.

• Atmen Sie nun durch das rechte Nasenloch tief ein. Anschließend halten Sie es mit dem Daumen zu und atmen durch das linke aus.

• Machen Sie noch einige Minuten nach diesem Muster weiter, und konzentrieren Sie sich dabei nur auf Ihren Atem. Sie werden sich danach deutlich ruhiger und erfrischt fühlen!

Pranayama (Prana = Lebensenergie; Ayama = erweitern oder kontrollieren) ist eine effektive Yogaübung: Die gleichmäßige, tiefe Atmung senkt den Blutdruck, baut Stresshormone ab und lässt Sie zur Ruhe kommen.

MASSAGE

In der indischen Ayurveda-Lehre ist Abhyanga, die Ölmassage, ein unverzichtbarer Teil der Gesundheitspflege. Sie fördert nicht nur die Durchblutung und hilft somit Giftstoffe abzubauen, sie beruhigt vor allem die Nerven und lässt uns entspannen. Das Gute daran: Eine Selbstmassage hat genau den gleichen Effekt, man muss also keine teure Behandlung buchen.

Machen Sie die Massage zu einem abendlichen Ritual: Nehmen Sie ein gutes Bio-Basisöl wie zum Beispiel Sesam-, Mandel- oder Macadamiaöl und fügen Sie für eine besonders beruhigende Wirkung ein paar Tropfen Lavendel- oder Rosenöl hinzu. Dann einfach in langen, ruhigen Bewegungen über Arme und Beine streichen, die Gelenke in kreisrunden Bewegungen einölen,

danach gut einziehen lassen und eine warme Dusche nehmen. Oder Sie ölen nur langsam und mit sanftem Druck Ihre Füße ein. Danach warme Kuschelsocken anziehen und ab ins Bett. Das bringt uns gleich zum nächsten Punkt ...

SCHLAF

Der Begriff »Schönheitsschlaf« kommt nicht von ungefähr, denn in dieser Ruhephase ist Ihr Körper alles andere als unproduktiv: Neben der Verarbeitung von zahlreichen Sinneseindrücken werden Zellen regeneriert, Giftstoffe abgebaut und das Immunsystem erholt sich. Wer weniger als sechs Stunden schläft, hat bis zu 50 Prozent mehr Cortisol im Blut, und zwar nicht nur kurzfristig, sondern bis zu zwei Tage lang! Das erklärt, warum man bei Übermüdung besonders gereizt, unruhig und zittrig ist. Wenn Sie also nur zwei- bis dreimal pro Woche zu wenig Schlaf bekommen, haben Sie auch ständig zu viele Stresshormone im Blut. Doch nicht immer fällt es ganz leicht, vom Alltag abzuschalten. Mit diesen Tipps gelingt es besser:

• Schalten Sie alle Lichtquellen aus, auch Smartphones und elektrische Wecker. Jede Art von Licht drosselt die Ausschüttung des Schlafhormons Melanin.

• Machen Sie Ihr Schlafzimmer zu einem Tempel der Ruhe: Weder Fernseher noch Kleiderberge sollten Ihren Schlaf stören.

• Wenn Sie innerlich nicht zur Ruhe kommen, dann versuchen Sie es mit der auf Seite 19 beschriebenen Pranayama-Übung.

AROMATHERAPIE

Aromatherapie ist für mich eine der schönsten Formen der Stressbewältigung! Düfte beeinflussen

Schönheitsschlaf ist kein Luxus, sondern absolut essenziell für den Glow.

uns sowohl bewusst als auch unbewusst. Treffen sie auf den Riechnerv in unserer Nase, lösen sie dort einen Sinnesreiz aus, der direkt an das Gehirn weitergeleitet wird. Dieses schickt unmittelbar Informationen an das limbische System weiter, den Sitz unserer Emotionen. Völlig unbewusst und unkontrolliert erzeugt der jeweilige Duft dort ein bestimmtes Gefühl und nimmt so Einfluss auf unsere Stimmung und unser Wohlbefinden. Die richtigen Öle entfalten in uns also von ganz alleine eine entspannende und ausgleichende Wirkung, man muss dafür nichts tun und kann den ätherischen Ölen einfach die ganze Arbeit überlassen. Und selbst wenn die Aromatherapie in Kombination mit einer Ölmassage natürlich besonders wirksam ist, so gibt es doch auch viele kleine Wege, diese subtilen Entspannungsmittel für sich wirken zu lassen. Sie können eine Duftlampe anzünden, die ätherischen Öle in ein Balm einrühren (→ Seite 104), sie ins Badewasser geben (→ Seite 56) oder in einem Roll On für unterwegs verwenden (→ Seite 105). Auch wenn jeder einen Duft anders empfindet, so gelten Lavendel, Kamille, Rose, Bergamotte, Mandarine, Orange, Sandelholz und Weihrauch allgemein als besonders entspannend.

HAUTTYPEN

oder doch eher Hautzustände?

Die meisten Menschen beschreiben ihre Haut als »trocken«, »fettig« oder als Mischhaut. Allerdings handelt es sich hier nicht um einen genetisch vorgegebenen Hauttyp, sondern eher um einen Hautzustand mit Symptomen, die verschwinden können, wenn die Haut mit der richtigen Ernährung und Pflege in ihren ursprünglichen Zustand versetzt wird.

NORMALE HAUT

Normale Haut ist der Idealzustand, den wir mit dem 28-Tage-Programm wiederherstellen wollen. Wenn Sie jenseits der Pubertät sind und immer noch normale Haut haben – herzlichen Glückwunsch! Sie machen intuitiv schon sehr viel richtig. Es gilt jetzt, diesen Zustand langfristig zu erhalten. Ihre Haut wird durch das Programm auf den folgenden Seiten noch besser mit Nährstoffen versorgt und bleibt so länger strahlend schön. Wenn Sie bisher noch nicht auf Naturkosmetik umgestiegen sind, probieren Sie die Rezepte auf den folgenden Seiten, Ihre Haut wird es Ihnen danken.

KENNZEICHEN NORMALER HAUT

- Sie fühlt sich prall, weich und gut gepflegt an.
- Sie hat einen matten Glanz.
- Sie zeigt keine vorzeitige Faltenbildung.
- Sie spannt nicht nach dem Waschen.
- Hautunreinheiten sind selten; wenn überhaupt welche auftreten, so sind diese am ehesten hormonell bedingt und treten insbesondere einige Tage nach dem Eisprung auf.

DIE RICHTIGE PFLEGE

- Entfernen Sie regelmäßig mit sanften Peelingmasken die abgestorbenen Hautschüppchen, um die Neubildung der Zellen anzuregen.
- Spenden Sie ausreichend Feuchtigkeit.
- Wenden Sie nicht öfter als ein- bis zweimal pro Woche eine Maske an.

TROCKENE HAUT

Es gibt zwei Arten von trockener Haut: Ist die Haut dehydriert, fehlt ihr Feuchtigkeit, ist sie fettarm, produziert sie zu wenig Talg. Manchmal ist beides der Fall, der Haut fehlen also sowohl Feuchtigkeit als auch Öl. Trockenheitssymptome entstehen, wenn die Haut nicht mehr ausreichend Feuchtigkeit speichern kann und das Wasser über die Haut verdunstet. Die oberste, sichtbare Hautschicht, die Epidermis, setzt sich hauptsächlich aus verhornten Zellen und einer dünnen Lipidschicht (Fett) zusammen. Die Hornzellen verleihen der Haut Festigkeit, die Lipidschicht schützt vor Feuchtigkeitsverlust. Wenn diese Hautbarriere gestört ist, bricht die Oberfläche auf und Wasser entweicht.

KENNZEICHEN TROCKENER HAUT

- Sie fühlt sich direkt nach dem Waschen rau und teilweise schuppig an.
- Sie sieht matt und stumpf aus.
- Sie neigt zu vorzeitiger Faltenbildung.
- Das Hautbild ist meist fein, die Poren sind normalerweise nicht erweitert.
- Oft sieht sie im feuchten Zustand nach dem Waschen noch sehr gut aus, spannt aber direkt nach dem Abtrocknen.
- Sie neigt eher zu Mitessern als zu Pickeln.
- Hautunreinheiten und Pickel entstehen erst dann, wenn abgestorbene Hautschüppchen oder Inhaltsstoffe wie Mineralöle die Pore blockieren, der Talg nicht austreten kann und sich dann durch Bakterien entzündet.
- Die Kopfhaut und damit auch die Haare neigen meist ebenfalls zu Trockenheit.
- Dehydrierte Haut kann an bestimmten Stellen dennoch ölig werden!

URSACHEN TROCKENER HAUT

- Flüssigkeitsmangel: Achten Sie darauf, ungefähr zwei Liter am Tag zu trinken, wenn Sie viel Kaffee oder salzhaltiges Essen zu sich genommen haben sogar noch mehr.
- falsche bzw. übertriebene Pflege mit aggressiven Inhaltsstoffen und zu viel heißem Wasser
- Mangel an Vitamin A und/oder Omega-3-Fettsäuren
- Sowohl Östrogenüberschuss als auch -mangel können zu Trockenheit führen. Östrogenmangel ist meist eine Begleiterscheinung des Alterns, bei jüngeren Frauen kommt es hingegen eher zu Östrogenüberschuss, der auch auf östrogenimitierende Stoffe in der Hautpflege zurückzuführen ist.

Rosiger statt fahler Teint – ein vitaminreicher Smoothie hilft dabei!

DIE RICHTIGE PFLEGE

- Behandeln Sie Ihre Haut, als wäre sie aus feinster Seide: kein Schrubben, kein Ziehen oder Zupfen und kein heißes Wasser.
- Verwenden Sie keine schäumenden Reiniger mit SLS (Sodium Laureth Sulfate) und keine aggressiven Peelingpartikel. Masken mit einem hohen Anteil an Tonerde sind ebenfalls zu vermeiden, da diese zu viel Talg aufsaugen; hier lieber Haferkleie als Konsistenzgeber verwenden.
- Achten Sie darauf, dass Ihre Pflegeprodukte sehr wenig bis gar keinen Alkohol enthalten.
- Nur lauwarmes Wasser, und das sehr spärlich, verwenden. Wasser weicht die Epidermis auf, die Feuchtigkeit aus dem Inneren verdunstet. Bestes Beispiel: Je länger man in der Badewanne bleibt, desto schrumpeliger wird die Haut. Das gilt vor allem bei sehr kalkhaltigem Wasser.
- Rein ölbasierte Reiniger (z. B. Oil Cleanser) signalisieren der Haut, dass bereits genügend Öl vorhanden ist, weshalb diese noch weniger Talg produziert. Zudem braucht es zum Abnehmen der Reiniger heißes Wasser. Stattdessen besser Cleansing Water (→ Seite 73) verwenden.
- Hautschüppchen regelmäßig mit milden Fruchtsäurepeelings oder Masken entfernen.

DURCH DAS 28-TAGE-PROGRAMM WIRD IHRE HAUT NOCH BESSER MIT NÄHRSTOFFEN VERSORGT, UND ZWAR VON AUSSEN UND INNEN.

KENNZEICHEN SENSIBLER HAUT

◆ Sensible Haut ist in den meisten Fällen auch trocken oder dehydriert und eher selten ölig.
◆ Neben einem Spannungsgefühl neigt sie nach der Reinigung auch zu Rötungen und Brennen.
◆ Zudem neigt sie zu roten Flecken.
◆ Auf neue Hautprodukte oder Nahrungsmittel reagiert sie oft gereizt.
◆ Der Hautzustand verschlechtert sich phasenweise, kann sich aber auch scheinbar von alleine wieder bessern.

URSACHEN SENSIBLER HAUT

◆ Meistens liegt eine Nahrungsmittelunverträglichkeit oder eine Reaktion auf ein Kosmetikprodukt bzw. einen der Inhaltsstoffe zugrunde.
◆ Auch Stress und psychische Probleme können die Haut ernsthaft irritieren.

DIE RICHTIGE PFLEGE

◆ Verwenden Sie Produkte mit möglichst wenig Zutaten. Versuchen Sie mittels Ausschlussprinzip herauszufinden, welcher Stoff Ihre Haut reizt.
◆ Wenn Sie ein Produkt gut vertragen, können Sie ein bis zwei Tropfen milde ätherische Öle wie Rose, Lavendel oder Kamille hinzufügen. Ansonsten ist hier aufgrund der hoch konzentrierten Inhaltsstoffe jedoch Zurückhaltung geboten.
◆ Wenn Sie das 28-Tage-Programm befolgt und die Symptome sich nicht gebessert haben, sollten Sie einen Allergietest beim Arzt in Betracht ziehen. Eventuell reagieren Sie auf einen Inhaltsstoff oder ein Nahrungsmittel, das im Programm nicht ausgeschlossen wurde. Nur weil etwas gesund ist, heißt es nicht, dass jeder es gut verträgt.

Tragen Sie ein- bis zweimal die Woche eine Maske auf, die passend zu Ihrem Hautzustand zusammengestellt ist. Das versorgt die Haut mit Feuchtigkeit und Nährstoffen und bringt Ihren Teint zum Strahlen.

◆ Massieren Sie Moisturizer oder Serum immer auf feuchter Haut ein, das schließt auch gleich die Feuchtigkeit mit ein.

SENSIBLE HAUT

Sensible Haut ist oft kein dauerhafter Zustand und kann genauso schnell verschwinden, wie sie gekommen ist. Sobald man den (oder die) Auslöser gefunden hat, lässt sie sich gut in den Griff bekommen. Doch genau das ist leider die Krux: Bei der Vielzahl an Chemikalien und Inhaltsstoffen, die wir tagtäglich zu uns nehmen und auf die Haut auftragen, kann es eine Weile dauern, bis Sie des Rätsels Lösung gefunden haben. Doch geben Sie nicht auf, die Mühe lohnt sich!

ÖLIGE HAUT

Ihre Haut ist ölig? Herzlichen Glückwunsch, Sie werden dadurch wahrscheinlich länger jung aussehen! Während trockene und sensible Haut schneller Falten entwickeln, wirkt ölige Haut ebenmäßiger und glatter. Falls Sie jedoch regelmäßig von Pickeln oder gar Akne geplagt werden, hält sich Ihre Begeisterung wahrscheinlich in Grenzen. Doch mit der richtigen Ernährung, Pflege und mit Stressreduktion können Sie Ihr Hautbild nachhaltig verbessern.

KENNZEICHEN ÖLIGER HAUT

◆ Sie fühlt sich fettig an und glänzt bereits kurz nach der Reinigung wieder.
◆ Zumeist ist das Hautbild eher grob, die Poren können erweitert sein.
◆ Ölige Haut spannt nicht nach dem Waschen.
◆ Leider neigt sie zu Unreinheiten, und zwar sowohl zu Mitessern als auch zu Akne.
◆ Die Kopfhaut und damit auch die Haare haben ebenfalls die Tendenz, schnell zu fetten.
◆ Sie zeigt eher keine vorzeitige Faltenbildung.

URSACHEN ÖLIGER HAUT

◆ Flüssigkeitsmangel: Achten Sie darauf, ungefähr zwei Liter am Tag zu trinken, wenn Sie viel Kaffee oder salzhaltiges Essen zu sich genommen haben sogar noch mehr.
◆ Falsche bzw. übertriebene Pflege: Wer mit öliger Haut oder Unreinheiten zu kämpfen hat, neigt dazu, die Haut »austrocknen« zu wollen, und verwendet schäumende Reiniger mit aggressiven Inhaltsstoffen. Die Haut versucht sich zu schützen, indem sie noch mehr Talg produziert.
◆ Bei vielen Aknegeplagten verbessert sich das Hautbild, wenn sie Milchprodukte weglassen und eine vitaminreiche und entzündungshemmende Ernährung mit Probiotika, Omega-3-Fettsäuren und ausreichend Zink verfolgen.
◆ Bei zu wenig Magensäure wird die Nahrung nicht ausreichend vorverdaut, bevor sie im Darm landet. Wenn Sie das 28-Tage-Programm befolgt haben und Ihre Haut nicht besser wird, sollten Sie dies eventuell vom Arzt überprüfen lassen. Auch ein Allergietest oder eine Darmsanierung können dann sinnvolle Maßnahmen sein.

DIE RICHTIGE PFLEGE

◆ Probieren Sie unbedingt die Oil Cleansing Method (→ Seite 73).
◆ Verwenden Sie einen milden, adstringierenden Toner aus Blütenwasser (→ Seite 74).
◆ Verwenden Sie Cremes nur, wenn es unbedingt erforderlich ist. Besser, Sie greifen auf ein Ölserum zurück (→ Seite 77).

MISCHHAUT

Viele Menschen charakterisieren ihre Haut als »Mischhaut«, bei der sich gleich mehrere Hautzustände mit zum Teil widersprüchlichen Symptomem im Gesicht zeigen. Darum muss auch die Pflege den jeweiligen Hautzonen angepasst sein.

KENNZEICHEN VON MISCHHAUT

◆ Die sogenannte T-Zone (Stirn, Nase, Kinn) ist oft ölig, großporig und neigt zu Unreinheiten.
◆ Die Haut an den Wangen und Nasenflügeln ist meist eher trocken oder normal.

URSACHEN VON MISCHHAUT

Hier ist vor allem übertriebene oder unpassende Pflege anzuführen.

DIE RICHTIGE PFLEGE

◆ Behandeln Sie die verschiedenen Zonen mit den jeweils passenden Produkten: Masken für die ölige Haut in der T-Zone, Produkte für trockene Haut an den Wangen und Nasenflügeln.
◆ Verwenden Sie milde Reiniger ohne künstliche Duftstoffe und vermeiden Sie Produkte, die viel Alkohol oder Fruchtsäuren enthalten.

Das
Programm

Ziel des Glow-Programms ist nicht, Ihnen haarklein
vorzuschreiben, was Sie die nächsten 28 Tage über
zu tun haben. Ganz im Gegenteil! Die folgenden Seiten
sollen Ihnen zeigen, wie Sie zu einem cleanen Lifestyle
finden können, der Ihre Haut strahlen, sich aber
auch gut in Ihren Alltag integrieren lässt.

28-TAGE-PROGRAMM

so funktioniert's

Der Mensch ist ein Gewohnheitstier, das jahrelang antrainierte Verhaltensweisen nicht gerne über den Haufen wirft. Jede grundlegende Veränderung erfordert einen starken Willen und etwas Geduld. Das Programm soll Ihr Leben darum nicht über Nacht umkrempeln, vielmehr lassen wir die Umstellung ganz sanft in vier Phasen sich einschleichen.

Das 28-Tage-Programm sorgt somit für einen sanften, aber auch nachhaltigen Einschnitt. Der positive Nebeneffekt: Da wir nicht auf einmal, sondern nach und nach auf saubere Kosmetik und Nahrung umstellen, haben wir die Chance zu erkennen, welche Lebens- oder Pflegemittel die Symptome ausgelöst haben. Wir entwickeln wieder ein Gefühl dafür, was der Haut und dem Körper generell wirklich guttut und was nicht. Oft haben wir uns so an relativ harmlose Symptome wie Völlegefühl oder Trägheit nach dem Essen, Unreinheiten oder trockene Haut gewöhnt, dass wir sie als selbstverständlich betrachten. Erst wenn diese Symptome plötzlich verschwinden, fällt uns auf, wie gut und leicht wir uns fühlen können, wenn wir die Dinge weglassen, die uns nicht guttun. Vielleicht sehen Sie schon nach der Umstellung der Körperprodukte auf selbst angerührte, naturreine Skincare eine Veränderung, vielleicht aber auch erst, wenn Sie Ihre Ernährung umstellen. So können Sie nach dem Ausschlussverfahren ganz individuell für sich herausfinden, was Ihrer Haut den heiß begehrten Glow zurückbringt.

NOTOX STATT BOTOX

Das 28-Tage-Programm drückt den Reset-Knopf für Ihre Haut! Ich nenne es die »Notox-Challenge«. Notox steht für »no toxins« – sprich: keine Giftstoffe. Wir eliminieren alle schädlichen Produkte aus Ihrer Körperpflege und ersetzen sie durch neue, cleane und natürlich selbst gemachte Produkte, das schließt auch Haarprodukte mit ein. Nach der Devise »Weniger ist mehr!« minimieren Sie somit die Ladung von Chemie und Giftstoffen, die Ihr Körper tagtäglich aufnimmt, bereits drastisch. Wahrscheinlich werden Sie schon nach der ersten Woche feststellen, dass Ihre Haut sich sichtlich erholt.

CLEAN EATING

Gleichzeitig setzen wir da an, wo schöne Haut wirklich beginnt: im Darm und in den Zellen. Deshalb widmet sich der zweite Aspekt des Programms Ihrer Ernährung und ganz allgemein Ihren Lebensgewohnheiten.
Sie beginnen mit einer Eliminierungsdiät, die die Hauptauslöser von Hautproblemen und vorzeitiger Alterung ausschließt: Dazu zählen Zucker,

gesättigte Fettsäuren bzw. Transfette aus Fertig-produkten, Milchprodukte, Gluten, Alkohol und Kaffee. Keine Sorge: Im Rezeptteil finden Sie viele leckere Alternativen (auch Süßigkeiten und Snacks!), die dafür sorgen, dass die Umstellung ein Spaziergang wird.

Die Skin-Food-Ideen auf den folgenden Seiten sind nur als Anregungen gedacht. Sie können natürlich auch eigene Rezepte verwenden, solange diese ohne die unerwünschten Lebensmittel auskommen. Im Anhang finden Sie weitere Clean-Eating-Bücher (→ Seite 142), die Ihnen ebenfalls als Inspiration dienen können. Generell gilt einfach: Essen Sie so naturbelassen wie möglich. Jedes frische Lebensmittel steckt voller Vitamine, Mineralien und Antioxidantien und ist somit »Skin-Food«! Achten Sie auf gute Qualität, und kaufen Sie am besten regional, saisonal und aus kontrolliert biologischer Landwirtschaft, besonders bei tierischen Produkten.

SONSTIGE TO-DOS

Zwei weitere Faktoren, die ungemein wichtig für gute Haut sind, heißen Bewegung und Entspannung. Auch diese Aspekte integrieren wir in den Plan. Wir werden begleitend ein Tagebuch führen, damit wir nachvollziehen können, wie sich unsere Ernährung auf die Haut und ganz allgemein auf das Wohlbefinden auswirkt. Um das Programm möglichst benutzerfreundlich zu machen, verwenden wir viele Zutaten aus der Küche auch für unsere selbst gemachten Beauty-Produkte, das spart Zeit und Geld. Außerdem erhalten Sie viele praktische Tipps, wie Sie Ihre neuen Essgewohnheiten in den Alltag integrieren können.

Das Tagebuch hält Ihre Beobachtungen während des Programms fest.

WARUM 28 TAGE?

Genau wie der Mond oder der Fruchtbarkeitszyklus der Frau unterliegt auch die Haut einem 28-Tage-Rhythmus. So lange dauert es, bis sich junge, gesunde Haut einmal komplett erneuert hat: Frische Hautzellen entstehen, wandern an die Oberfläche und werden dann abgestoßen (bzw. mithilfe eines selbst gemachten Peelings oder Scrubs wegpoliert). Am Ende des Programms ist Ihre Haut also rundum erneuert.

Und es gibt noch einen anderen Aspekt, der für genau diese Dauer spricht: Verhaltenspsychologen gehen davon aus, dass es etwa einen Monat dauert, um eine neue Angewohnheit wirklich zu verinnerlichen. Diese Tatsache ist extrem wichtig, weil der cleane Lifestyle keine Last-Minute-Detoxkur sein soll. Es geht vielmehr um eine ganz neue Herangehensweise an die Hautpflege. Nach 28 Tagen ist das Programm abgeschlossen, und Sie werden staunen, wie gut Ihre Haut aussieht. Vielleicht sind Sie sogar so begeistert, dass Sie den neuen, cleanen Lifestyle beibehalten – oder Sie integrieren weiterhin nur Teile davon in Ihren Alltag. In jedem Falle werden Sie in diesen 28 Tagen ein viel besseres Verständnis dafür entwickeln, was Ihnen und Ihrer Haut guttut.

IN VIER PHASEN

zurück zum Glow

In nur 28 Tagen zurück zum Glow? Nur kein Stress: Sie brauchen weder auf einen Schlag Ihre gesamte Skincare durch natürliche, selbst angerührte Produkte zu ersetzen noch von heute auf morgen Ihre Ernährung umzukrempeln. Vielmehr erfolgt die Umstellung Schritt für Schritt, bis Sie in der vierten Woche zu einem cleanen Lifestyle gefunden haben.

Das Programm ist in vier Phasen unterteilt, die jeweils sieben Tage andauern. In Phase 1 bis 3 eliminieren wir jeweils eine Lebensmittelgruppe, die bei vielen Menschen nachweislich für Hautprobleme sorgt. Da wir nicht wie bei anderen Eliminierungsdiäten alle potenziell schädlichen Lebensmittel gleichzeitig ausschließen, haben wir dadurch die Chance, jede Woche zu überprüfen, wie wir uns fühlen und ob die neue Phase eine deutliche Besserung des Hautbildes oder des generellen Wohlbefindens gebracht hat. Zudem ersetzen wir während der nächsten 28 Tage Ihre konventionellen, synthetischen Pflegeprodukte durch selbst gemachte neue Skincare.

Jede Phase beginnt an einem Samstag, so können Sie die Wochenenden nutzen, um Ihren Essensplan für die Woche zu erstellen, alle benötigten Zutaten einzukaufen, neue Pflegeprodukte anzurühren, Ihr Essenstagebuch auszuwerten und sich mental auf die nächste Umstellung vorzubereiten. Die Wochenenden eignen sich natürlich auch perfekt, um Sport zu treiben oder sich mithilfe von Bädern und Massagen zu entspannen. Am Ende der 28 Tage sind die vier Phasen abgeschlossen, und Sie entscheiden selbst, welche der neuen Angewohnheiten Sie weiterhin für Ihren Alltag übernehmen möchten!

PHASE 1 (AB TAG 1)

Wir beginnen damit, nach und nach Ihre Hautpflege durch eine komplett natürliche, reduzierte und selbst gemachte Produktlinie zu ersetzen. Los geht es mit der Umstellung der Basic-Produkte für den Körper (→ Rezepte ab Seite 54). So pflegen Sie bereits circa 85 % Ihrer Haut ganz natürlich und reduzieren die Belastung mit Chemikalien auf drastische Weise. Bei der Ernährung gilt für die nächsten 28 Tage:

◆ kein Zucker
◆ kein Alkohol
◆ keine Fertigprodukte (enthalten oft Zucker, Konservierungsstoffe und gesättigte Fettsäuren)

WARUM KEIN ZUCKER?

Glukosemoleküle – sprich: Zucker – heften sich an Kollagen und Elastin, machen sie spröde und beschleunigen so ihren Abbau. Das bedeutet, Ihre Haut verliert an Elastizität, Spannkraft und

Volumen, die Haut wird fahl und bildet Falten. Außerdem sorgt Zucker für eine erhöhte Insulinausschüttung, was wiederum die Entzündungsreaktionen im Körper anfacht. Wenn Sie also unter Akne, Rosazea (»Kupferrose«), Psoriasis (Schuppenflechte) oder Ekzemen leiden, sollten Sie Zucker unbedingt weglassen.

Damit ist nicht nur das weiße Zeug gemeint, dass Sie zum Backen oder im Kaffee verwenden. Zucker versteckt sich auch in Lebensmitteln, in denen man ihn nicht vermutet. Produkte aus Weißmehl, also Brot, Backwaren, Nudeln und weißer Reis, haben alle einen hohen glykämischen Index, das heißt, der Körper wandelt die darin reichlich enthaltene Stärke in Glukose um, was den Blutzuckerspiegel in die Höhe treibt.

Um Sie zu beruhigen: Das Programm ist kein »Sugar-Detox«, bei dem Zucker radikal aus der Ernährung gestrichen wird mit dem langfristigen Ziel, ihn gar nicht mehr zu konsumieren. Für mich persönlich wäre diese Einschränkung ganz einfach zu drastisch und auf Dauer nicht durchzuhalten. Ziel des Programms ist es, den Zuckerkonsum wieder auf ein gesundes Maß zu reduzieren, ohne sich dabei komplett zu kasteien. Deswegen gilt es, für die nächsten 28 Tage »nur« auf Industriezucker und Zuckeralternativen mit hohem glykämischem Index (z. B. Agavendicksaft), so gut es geht, zu verzichten. Fruchtzucker aus Obst oder Datteln hingegen ist in vernünftigen Mengen völlig in Ordnung, zumal in diesen Lebensmitteln ja auch wertvolle Vitamine und Mineralstoffe stecken.

Doch was tun, wenn's brennt?

• Die meisten Gelüste dauern nur kurz an. Lenken Sie sich ab, in wenigen Minuten haben Sie wahrscheinlich vergessen, dass Sie unbedingt einen Schokoriegel brauchten.

• Trinken Sie Wasser oder eine Fruchtsaftschorle. Manchmal registriert man Durstgefühle als ein Verlangen nach Süßem.

• Riechen Sie an Kakaobutter oder Vanilleextrakt. Das hilft, die Zuckergelüste zu reduzieren.

• Ansonsten halten Sie einfach ein oder zwei Superfood Balls (→ Seite 134) oder ein Stückchen The Glow Schokolade (→ Seite 131) bereit. Auch die Glow Hot Chocolate (→ Seite 121) stillt Ihren Heißhunger auf Süßes!

WARUM KEIN ALKOHOL?

Alkohol wirkt dehydrierend, denn er entzieht dem Körper Wasser. Gerade die tieferen Falten um Mund und Nase und die Zornesfalten auf der Stirn treten so stärker hervor. Zudem belastet Alkohol die entgiftenden Zellen in der Leber. Anstatt Energie in die Zellreparatur zu stecken, ist der Körper mit dem Abbau von Alkohol beschäftigt. Besonders gefürchtet ist seine gefäßerweiternde Wirkung, die manchmal sogar zu bleibenden roten Flecken auf den Wangen führen kann. Nicht zuletzt regt Alkohol auch die

Selbst gemachte Skincare – naturrein und individuell!

NACH ABSCHLUSS DES PROGRAMMS ENTSCHEI-DEN SIE, WELCHE DER NEUEN ANGEWOHNHEI-TEN SIE WEITERHIN ÜBERNEHMEN.

Ab Phase 2 des Programms ersetzen wir Ihre herkömmlichen Pflegeprodukte für das Gesicht durch neue, selbst gemachte Skincare, die optimal auf Ihren aktuellen Hautzustand abgestimmt ist.

Talgproduktion der Haut an und fördert damit Mitesser, Pickel und die Entstehung vergrößerter Hautporen. Wenn Sie sich Sorgen machen, ob Sie 28 Tage ohne Alkohol durchhalten, dann ist diese Detox-Pause wahrscheinlich überfällig.

WARUM KEINE FERTIGPRODUKTE?

Fertigprodukte aller Art enthalten meist viel Zucker, dazu überwiegend gesättigte Fettsäuren und sogenannte Transfette. Gesättigte Fettsäuren schaden der Haut, führen zu vorzeitiger Hautalterung, Rötungen und Akne. Transfette gelten als Mitverursacher koronarer Herzerkrankungen. Doch wäre es falsch, Fett deshalb generell als einen Glow-Killer zu betrachten. Gutes Fett –

sprich: ungesättigte Fettsäuren – sind absolut essenziell für einen reinen, ebenmäßigen Teint! Besonders Omega-3-Fettsäuren aus Avocados, Nüssen, hochwertigen Ölen (Lein-, Raps-, Walnuss-, Hanföl) und fettreicheren Seefischen (Lachs, Hering, Heilbutt, Makrele) hemmen Entzündungen und lassen Ihre Haut strahlen.

PHASE 2 (AB TAG 8)

Wir behalten alle neuen Produkte und die Ernährung aus Phase 1 bei und erweitern die Pflegelinie um die Produkte für das Gesicht. Die passenden Rezepte hierzu finden Sie ab Seite 69. Doch natürlich müssen Sie nicht jedes davon tatsächlich herstellen, suchen Sie sich einfach nur die Produkte aus, die Sie wirklich brauchen und die zu Ihrem Hauttyp passen. Immer daran denken: Unsere Devise für die nächsten 28 Tage heißt »Weniger ist mehr«! Ab jetzt lassen wir außer Zucker, Alkohol und Fertigprodukten auch noch sämtliche Milchprodukte und Kaffee weg.

WARUM KEINE MILCHPRODUKTE?

Wenn Sie an Akne, Hautunreinheiten und entzündlichen Hautzuständen wie Ekzemen leiden, so sind nicht selten Milchprodukte, insbesondere Käse, dafür verantwortlich. Selbst wenn Sie nicht an einer Laktose- oder Caseinunverträglichkeit leiden, können Molkereierzeugnisse trotzdem zu Problemen führen, besonders wenn es sich dabei um konventionelle Milch handelt, die von hormonbehandelten Kühen stammt.

Viele Menschen stellen fest, dass sie sich ohne Milchprodukte weniger träge und aufgebläht fühlen, der Teint ebenmäßiger wird. Falls Sie nach der Eliminierung von Milchprodukten jedoch feststellen, dass diese bei Ihnen keine Probleme auslösen, können sie durchaus eine Bereicherung für Ihre Ernährung sein.

WARUM KEIN KAFFEE?

Kommen Sie morgens ohne Kaffee nicht in die Gänge? Bekommen Sie Entzugserscheinungen wie Kopfschmerzen, wenn Sie bis zu einer bestimmten Uhrzeit kein Koffein abbekommen haben? Und überstehen Sie das Nachmittagstief nur mit einem Latte macchiato und Schokolade? Dies alles sind untrügliche Zeichen dafür, dass Ihr Körper ausgelaugt ist und Sie zu gestresst sind. Leider ist Kaffee in diesem Fall ein falscher Freund. Er gaukelt Ihnen vor zu helfen, verschlimmert die Situation aber tatsächlich.

Der Schaden für die Haut ist dabei doppelt: Erstens entzieht Kaffee der Haut Feuchtigkeit, zweitens stimuliert er die Nebennieren, die daraufhin Stresshormone ausschütten. Das kann wiederum zu erhöhter Talgproduktion und mehr Pickeln führen. Außerdem bremst Koffein den Körper bei der Kollagenproduktion aus und leistet so einen Beitrag zur Hautalterung. Wer täglich mehrere Tassen Kaffee mit Milch und Zucker trinkt, arbeitet also aktiv gegen den Glow.

Doch das muss nicht sein!

Eine tolle Alternative ist Matcha Tee. Er enthält zwar ebenfalls Koffein, dieses wirkt allerdings langsamer und weniger intensiv. So bekommen Sie immer noch einen sanften, aber länger anhaltenden Energieschub, während Ihre Haut von den Antioxidantien im Tee profitiert. Mit Nussmilch (→ Seite 122) schmeckt er außerdem so cremig und lecker, dass Sie Ihren Latte macchiato nicht vermissen werden.

Glutenfrei heißt nicht, dass Sie auf leckeres Brot verzichten müssen!

PHASE 3 (AB TAG 15)

Wir führen die Phasen 1 und 2 wie gehabt weiter und ersetzen ab jetzt Ihre Pflegeprodukte für die Haare (→ Rezepte ab Seite 90). So haben Sie alle wichtigen Kosmetikprodukte in Ihrem Bad durch eine natürliche Variante ausgetauscht! Außerdem zünden wir jetzt die letzte Stufe der Eliminierungsdiät: Für die letzten zwei Wochen des Programms verzichten Sie auch auf Gluten.

WARUM KEIN GLUTEN?

Gluten ist ein sogenanntes Klebereiweiß, das in den meisten gängigen Getreidearten vorkommt. Wer sehr stark auf Gluten reagiert, leidet nach dem Verzehr von Brot oder anderen Getreideprodukten an Verdauungsproblemen wie Bauchkrämpfen, Durchfall oder Blähungen, Migräne und Müdigkeit. Falls Ihnen diese Symptome bekannt vorkommen, sollten Sie einen Arzt testen lassen, ob Sie eventuell unter Zöliakie oder einer richtigen Allergie leiden. Doch selbst wenn diese Tests negativ ausfallen, bedeutet das nicht, dass das Klebereiweiß nicht der Auslöser für Ihre Hautprobleme ist. Unreinheiten und hartnäckige Pickel auf Stirn, Wangen und Kinn können manchmal auf Gluten zurückgeführt werden.

Deswegen schließen wir es ab der dritten Phase aus. Da unsere Ernährung zum großen Teil auf Brot, Nudeln und glutenhaltigen Beilagen basiert, ist das nicht immer ganz einfach. So steckt **Gluten** in den meisten Getreidesorten, wie

- Weizen,
- Roggen,
- Gerste,
- Dinkel,
- Couscous,
- Bulgur,
- Kamut,

und dementsprechend in allen Produkten, die daraus hergestellt sind (Brot, Brötchen, Kuchen, Kekse, Paniermehl etc).

Glutenfrei sind dagegen diese Lebensmittel:

- Buchweizen
- Hafer
- Reis (Vorsicht: Keine Reiszubereitungen wie z. B. Frühstücksflocken; hier wird Gluten nachträglich als Klebereiweiß zugesetzt!)
- Quinoa und Amaranth (Kulturpflanzen aus den Anden, gelten als Pseudogetreide)
- Chiasamen (mexikanisches Salbeigewächs)
- Kartoffeln/Süßkartoffeln
- Tapioka (Stärke aus der Maniokwurzel)
- Hülsenfrüchte
- Mais
- Hirse (stammt ursprünglich aus Asien, Grundnahrungsmittel vor Einführung der Kartoffel)

Haben Sie bis Phase 4 durchgehalten, so hat dies eine Belohnung verdient. Genießen Sie die Beauty Extras!

PHASE 4 (AB TAG 22)

Das Glow-Programm geht in den Endspurt. Wir verfestigen die neue Ernährungsweise, nehmen aber keine weiteren Eliminierungen vor und stellen zur Belohnung noch ein paar Beauty Extras her (→ Rezepte ab Seite 101)!

DAS ENDE DES PROGRAMMS

Sie haben es geschafft! Ab Tag 29 können Sie Schritt für Schritt wieder zu Ihrer alten Lebensweise zurückkehren – falls Sie das überhaupt möchten. Ziehen Sie noch mal ein Fazit:

- Was hat Ihnen gutgetan?
- Welche Elemente des Programms wollen Sie auch weiterhin für sich beibehalten?
- Welche Eliminierungen haben einen echten Unterschied für Ihre Haut und Ihr Wohlbefinden gemacht? Und wie schwer sind sie gefallen?

STEP BY STEP

Bevor Sie wieder auf Ihr »normales« Essen zurückgehen, hier eine Anleitung, wie Sie die eliminierten Lebensmittelgruppen wieder in Ihre Ernährung einbringen:

- So wie wir die einzelnen Komponenten weggelassen haben, führen Sie diese nun auch wieder ein, immer eine nach der anderen.
- Nehmen Sie zunächst nur kleinere Mengen und diese über mindestens drei Tage zu sich, bevor Sie die nächste Gruppe hinzunehmen.
- Beginnen Sie mit Milchprodukten oder Gluten, da diese bei einer Unverträglichkeit zumeist eine eindeutige Reaktion hervorrufen, besonders auf der Haut. So können Sie am ehesten feststellen, welches Element Ihnen nicht guttut und dieses weiterhin aus Ihrem Speiseplan streichen.
- Führen Sie einen Monat lang Ihr Tagebuch weiter, um zu dokumentieren, wie Sie auf die wiedereingeführten Lebensmittel reagieren. Manche Symptome treten erst mit einer Verzögerung von mehreren Wochen erneut auf.

Am Ende des Programms hat sich die Haut einmal vollständig erneuert und regeneriert.

Nach 28 Tagen ist der Glow wiederhergestellt!

Falls Sie feststellen, dass Ihre Hautsymptome sich nach dem Programm nicht ausreichend verbessert haben, könnte es sein, dass Sie auf ein Lebensmittel oder eine Zutat in der Hautpflege reagieren, die wir im Programm nicht ausgeschlossen haben. Unverträglichkeiten sind so individuell wie Sie selbst. Ich vertrage zum Beispiel Milchprodukte sehr gut, Steinobst und Zucchini dagegen überhaupt nicht. In hartnäckigen Fällen lohnt es sich also, einen Arzt, Heilpraktiker oder Ernährungsberater zurate zu ziehen und eventuell einen Allergietest, eine umfassendere Eliminierungsdiät oder weitere Tests durchzuführen.

AUSBLICK

Nach den 28 Tagen werden Sie sicher Ihren ganz eigenen Weg finden, die Tipps aus dem Programm ideal in Ihren Alltag zu integrieren. Setzen Sie sich dabei jedoch nicht zu sehr unter Druck. Für die Zukunft nach dem Programm halte ich die 80/20-Regel für den perfekten Weg: 80 % der Zeit leben, ernähren und pflegen Sie sich sehr gesund, die restlichen 20 % sind Spielraum und vorbehalten für zuckrige Desserts, buttertriefende Croissants, ein Glas Rosé oder was auch immer Sie sonst so brauchen, um das Leben in vollen Zügen zu genießen.

VIER-PHASEN-PLAN

auf einen Blick

	NATURKOSMETIK	SKIN-FOOD
Wochenende 1	Ausmisten im Bad Produkte für Phase 1 herstellen Detox-Bad	Ausmisten in der Küche Essensplan für die kommende Woche erstellen Einkäufe und Vorbereitungen
Phase 1 (ab Tag 1)	**Produkte für den Körper** 1. Hand & Body Wash 2. Allround-Oil 3. Lip Balm 4. Basic Scrub 5. Zahnpasta 6. Limette Salbei Deo 7. Detox Bath Salts	**Ab jetzt eliminieren** 1. Zucker 2. Alkohol 3. Fertigprodukte
Wochenende 2	Produkte für Phase 2 herstellen Sport, Beauty-Behandlungen, Massagen	Essensplan für die kommende Woche erstellen Einkäufe und Vorbereitungen
Phase 2 (ab Tag 8)	**Produkte für das Gesicht** 1. Cleansing Mud 2. Oil Cleanser 3. Cleansing Water 4. Floral Toner 5. Serum 6. Moisturizing Balm 7. Matcha Maske 8. Deep Cleanse Maske 9. Glow Maske	**Ab jetzt eliminieren** 1. Milchprodukte 2. Kaffee

DIE UMSTELLUNG AUF EINEN KOMPLETT CLEANEN LIFESTYLE ERFOLGT SCHRITT FÜR SCHRITT ÜBER VIER WOCHEN.

	NATURKOSMETIK	SKIN-FOOD
Wochenende 3	Produkte für Phase 3 herstellen Sport, Beauty-Behandlungen, Massagen	Essensplan für die kommende Woche erstellen Einkäufe und Vorbereitungen
Phase 3 (ab Tag 15)	**Produkte für die Haare** 1. The Glow Shampoo 2. Coconut & Aloe Conditioner 3. Hot Oil Treatment 4. Hair Serum 5. Dry Shampoo	**Ab jetzt eliminieren** Gluten
Wochenende 4	Produkte für Phase 4 herstellen Sport, Beauty-Behandlungen, Massagen	Essensplan für die kommende Woche erstellen Einkäufe und Vorbereitungen
Phase 4 (ab Tag 22)	**Beauty Extras** 1. Badetee 2. Shea Whipped Butter 3. Parfum Balm 4. Aroma Roll On 5. Serum für Augenbrauen & Wimpern	Keine weiteren Eliminierungen

STARTWOCHENENDE

Der Countdown läuft!

Am ersten Wochenende des 28-Tage-Programms gibt es viel zu tun: Zunächst einmal ist »Ausmisten« angesagt, und zwar in Badezimmer und Küche. Dann beginnt der vergnüglichere Teil mit Shoppen und der Herstellung Ihrer ersten eigenen Skincare. Für die nötige Entspannung sorgt dann noch ein Detox-Bad!

AKTION »SAUBERES« BAD

Beginnen wir mit einem symbolischen Reinemachen – im wahrsten Sinne des Wortes! Bevor Sie Ihre neue cleane Kosmetik herstellen, lassen Sie erst einmal die schädlichen konventionellen Pflegeprodukte aus dem Bad verschwinden. Aus den Augen, aus dem Sinn – so kommen Sie nicht in Versuchung, Ihre alten Produkte aus Gewohnheit zu verwenden. Wenn Sie sich noch nicht ganz trennen können, packen Sie die Sachen in eine Kiste und deponieren Sie sie bis auf Weiteres in der Abstellkammer. Sie werden sehen, das Ausmisten hat etwas sehr Befreiendes! Schauen Sie zuerst auf die Liste der Inhaltsstoffe (INCI) Ihrer Produkte. Alles, was folgende Ingredienzien enthält, können Sie getrost in den Müll werfen – damit tun Sie Ihrer Haut und Ihrer Gesundheit keinen wirklichen Gefallen:

◆ Sodium Laureth Sulfate/Sodium Lauryl Sulfate (SLS) findet sich in schäumenden Produkten wie Shampoos und Duschgelen.

◆ Parabene sind Konservierungsmittel und gehören als solche bei fast allen konventionellen Kosmetikprodukten unausweichlich dazu. Sie stehen allerdings unter Verdacht, ein hormonelles Ungleichgewicht hervorzurufen.

◆ Phenoxyethanol ist als Konservierungsmittel in fast allen Produkten enthalten, die laut Deklaration »frei von Parabenen« sind.

◆ Paraffinum Liquidum ist im Prinzip ein Mineralöl. Damit gehört es in Ihr Auto und nicht auf Ihre Haut. Dennoch ist es die Grundlage fast aller gängigen Pflegeprodukte.

◆ Aluminium steht unter Verdacht, schwerwiegende Erkrankungen wie Brustkrebs oder Demenz auszulösen. Die meisten Deo-Hersteller haben auf die negative Berichterstattung über Aluminium reagiert und es aus ihren Produkten verbannt. Vergewissern Sie sich trotzdem, ob es noch zu den Inhaltsstoffen Ihres Deos zählt.

◆ Der Weichmacher Polyethylenglycol (PEG) findet sich in sehr vielen konventionellen Kosmetikprodukten. Er macht die Haut durchlässiger, so können Wirkstoffe, aber leider auch Schadstoffe besser eindringen.

◆ Dimethicone (wie alle Rohstoffe mit der Endung -one) gehört zu den Silikonen, die weder auf die Haut noch in die Haare gehören.

GESUNDE KÜCHE

Wenn das Bad sauber ist, geht es in der Küche direkt weiter. Was Sie die nächsten vier Wochen nicht mehr brauchen, sind folgende Zutaten:

♦ **Haushaltszucker:** Sie müssen den Zucker nicht wegwerfen! Verrühren Sie einfach eine Tasse davon mit einer halben Tasse gutem Öl, und verwenden Sie ihn als Scrub zum Peelen von Händen, Füßen und anderen rauen Stellen! Falls Sie bereits Kokosblütenzucker oder Birkenzucker verwenden – sehr gut! Diese verhältnismäßig gesunden Zuckervarianten können nach dem Programm wieder zum Einsatz kommen.

♦ **Zuckerhaltige Lebensmittel/Fertigprodukte:** Damit sind nicht nur Süßigkeiten gemeint, sondern auch Brotaufstriche, Würzsoßen, Wurst etc. Machen Sie es wie bei der Kosmetik: Sehen Sie sich die Liste der Inhaltsstoffe an. Ist Zucker drin, packen Sie es weg. Zucker verbirgt sich übrigens auch hinter den Namen Fruktose und Glukose, im Prinzip in allem, was auf der Silbe -ose endet. Auch Zuckeralternativen wie Agavendicksaft haben einen hohen glykämischen Index und sind damit während des Programms tabu.

♦ **»Schlechtes« Fett:** Damit sind gesättigte Fettsäuren gemeint, also Margarine, Bratenfett, Palmöl etc., aber auch Chips und andere Fertigprodukte, die in Fett (vor-)gebraten wurden. Im Prinzip sind schlechte Fette in fast allen Fertigprodukten.

♦ **Softdrinks mit Kohlensäure:** Hierzu zählen insbesondere zuckerfreie Limonaden. Die darin enthaltenen künstlichen Süßstoffe wie Aspartam sind reine Chemieprodukte und sogar schädlicher als normaler Zucker!

♦ **Alkohol**

SHOPPEN

Ist auch die Küche zum Clean-Eating-Tempel geworden, geht es zur Belohnung weiter mit dem angenehmen Teil: Shoppen! Um das Einkaufen zu erleichtern, verwenden wir viele Produkte aus der Küche auch für die Hautpflege. Suchen Sie sich einfach die Rezepte zusammen, die Sie herstellen wollen, und kaufen Sie entsprechend ein.

TIPP
ONLINEBESTELLUNG

Einige Naturkosmetik-Rohstoffe finden Sie unter Umständen am ehesten in Webshops. Kalkulieren Sie ein paar Tage Lieferzeit ein und starten Sie die Onlineeinkäufe entsprechend früher.

UND LOS GEHT'S

Anschließend ist es soweit: Wir stellen die ersten eigenen Körperpflegeprodukte her und ersetzen somit schon mal einen Großteil der konventionellen Pflegeprodukte. Wenn endlich alles für den Beginn des Programms vorbereitet ist, entspannen Sie doch am besten direkt mit den Detox Bath Salts (→ Seite 64)! So stimmen Sie sich perfekt auf den kommenden Monat ein!

Decken Sie sich für den Glow mit frischen und gesunden Zutaten ein.

DER TAGESABLAUF

alltagstauglich und leicht umsetzbar

Auch wenn das 28-Tage-Programm Ihr Hautbild grundlegend verändern will,
für Ihr Leben gilt dies noch lange nicht! Haben Sie sich erst einmal darauf eingestellt, Ihre
konventionelle Hautpflege durch naturreine Produkte zu ersetzen und sich gesünder
zu ernähren, kann Ihr Tag fast wie gewohnt ablaufen.

Es war mir sehr wichtig, den Plan so flexibel wie möglich zu gestalten, damit Sie ihn gut in Ihren Alltag integrieren können. Selbst wenn Sie in den kommenden 28 Tagen auf Geschäftsreise gehen oder übers Wochenende wegfahren, können Sie das Programm so trotzdem weiterverfolgen! Ob Sie die vorgeschlagenen Food-Rezepte nachkochen oder eigene Kreationen ausprobieren wollen, bleibt Ihnen überlassen. Auf unserer Service-Seite im Anhang (→ Seite 142) finden Sie außerdem empfehlenswerte Kochbücher zum Thema Clean Eating, die viele weitere Rezepte und wertvolle Tipps bieten.

Wann Sie Ihre drei Bewegungseinheiten absolvieren oder sich eine Massage gönnen, können Sie völlig frei entscheiden. Wichtig ist nur, dass Sie es tun! Nur die Elemente und die Reihenfolge der Morgen- und Abendpflege sollten nach Plan (→ Tabelle, rechte Seite) stattfinden.

Generell gilt: Versuchen Sie, keine Pausen oder »cheat days« einzulegen, das würde das Ergebnis negativ beeinflussen. Falls Ihnen doch ein Ausrutscher passiert, notieren Sie im Tagebuch genau, was Sie gegessen oder getrunken haben, und beobachten Sie, wie Ihre Haut innerhalb der nächsten 72 Stunden darauf reagiert.

START IN DEN TAG

Morgens ist der Stress ja meistens am größten, doch keine Sorge, die neuen Elemente Ihrer morgendlichen Pflege dauern zusammen nur maximal 25 Minuten. Im Gegenzug werden Sie sich anschließend fitter und wacher fühlen, und Ihre Hautqualität wird durch das Lemon Water und Dry Brushing deutlich verbessert.

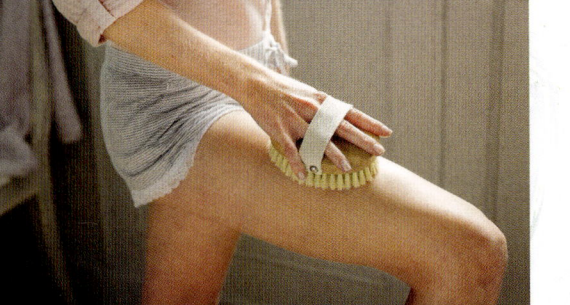

Detox und Pflege für Ihre Haut.

TAGEBUCH

Planen Sie hierfür etwa fünf Minuten pro Eintrag ein. Notieren Sie, wie Sie sich nach dem Schlaf fühlen und wie Ihre Haut aussieht. Tragen Sie auch später am Tag nach jeder Mahlzeit, nach jedem Getränk und Snack kurz ein, was Sie gegessen haben. Selbst wenn Sie nur einen kleinen Happen von irgendetwas probieren, notieren Sie dies und ziehen nach 20 bis 30 Minuten Bilanz. Dann noch einmal nach zwei bis drei Stunden, um zu sehen, wie die Nahrung auf Ihren Energielevel und Ihr Bauchgefühl gewirkt hat. Eine Vorlage, wie ein Ernährungstagebuch konkret angelegt sein sollte, können Sie unter www.gu.de/the-glow-code herunterladen.

LEMON WATER

Trinken Sie auf nüchternen Magen und vor dem Zähneputzen ein Glas warmes Wasser mit dem Saft einer halben Zitrone. Das rehydriert, liefert eine kollagenfördernde Portion Vitamin C und wirkt wie eine Dusche von innen. Das Lemon Water bringt außerdem die Verdauung in Gang und hilft Ihnen so zu entgiften. Die Zubereitung dieses in jeder Hinsicht anregenden Getränks kostet Sie maximal fünf Minuten.

DRY BRUSHING

Anschließend gönnen Sie sich fünf Minuten lang eine Trockenbürstenmassage. Damit kurbeln Sie die Durchblutung an und sorgen dafür, dass Ihre Haut mit Sauerstoff und wichtigen Nährstoffen versorgt wird. Außerdem lassen sich so abgestorbene Hautschüppchen entfernen, was die Haut dazu anregt, neue Zellen zu produzieren. Nicht zuletzt wird dabei auch Cellulite gemildert.
Beim Dry Brushing bürsten Sie einfach in langen, gleichmäßigen Strichen von den Füßen über die Beine nach oben zum Po. Dann den Rücken und über die Hände zu den Schultern und zur Brust, immer zum Herzen hin. Den Kopf und das Gesicht sparen Sie aus. Gleiches gilt für verletzte oder erkrankte Hautareale. Besorgen Sie

---

IHR TAGESABLAUF IM ÜBERBLICK

DAS MORGEN-RITUAL

Tagebuch führen
(circa 5 Minuten pro Eintrag)

Lemon Water
(circa 5 Minuten Zubereitung)

Dry Brushing
(circa 5 Minuten)

Pflege
(circa 10 Minuten)

DAS ABEND-RITUAL

Reinigung und Pflege
(circa 3 Minuten)

Gesichtsmassage
(circa 2 Minuten)

Ganzkörpermassage
(nach Belieben 5-10 Minuten)

Pranayama/Meditation
(circa 5-10 Minuten)

ADDITIONALS

Bewegung
zwei- bis dreimal pro Woche
Dauer 20-60 Minuten

Gesichtsmaske
maximal zweimal pro Woche

Detox-Bad
maximal zweimal pro Woche

sich am besten eine gute Naturhaarbürste, die extra fürs Dry Brushing gemacht ist. So haben Sie automatisch die richtige Borstenstärke.

PFLEGE

Nach dem Dry Brushing geht es dann mit Ihrem neuen, selbst gemachten Hand & Body Wash (→ Seite 54) unter die Dusche, dann die noch feuchte Haut mit der Shea Whipped Butter eincremen (→ Seite 102). Alternativ verwenden Sie einfach ein pures Bio-Öl; sehr gut geeignet sind z. B. Kokos-, Aprikosenkern- oder Jojobaöl.

FRÜHSTÜCK

Ihr Frühstück sowie alle weiteren Mahlzeiten können Sie nach Belieben aus den Rezepten ab Seite 116 wählen – oder Sie improvisieren und stellen sich ein eigenes Menü für den Tag zusammen. Achten Sie einfach nur darauf, dass Ihr Speiseplan mit der jeweiligen Phase des 28-Tage-Programms konform geht. So sollten in den Rezepten ab Phase 2 keine Milchprodukte mehr vorkommen, in denen ab Phase 3 keine glutenhaltigen Getreideprodukte. Für Abwechslung ist trotzdem gesorgt! Oder Sie stellen die Zutaten einfach immer wieder neu zusammen!

ABENDLICHER AUSKLANG

Integrieren Sie zwei- bis dreimal die Woche Bewegung (20 bis 60 Minuten) in Ihren Tagesablauf. Die meisten Menschen bevorzugen es, sich nach der Arbeit auszutoben. Doch Ihr Bewegungsprogramm kann natürlich auch schon auf dem Weg ins Büro oder zurück nach Hause stattfinden! Egal ob ein langer Spaziergang, eine Yogaklasse, Schwimmen oder ein anstrengenderes Work-out – Hauptsache, Sie fühlen sich hinterher wohl, entspannt und nicht ausgelaugt.

REINIGUNG UND PFLEGE

Reinigung ist das A und O der Hautpflege. Wenn Sie Make-up, Schmutz und Umweltgifte über Nacht auf der Haut lassen, kann diese sich nicht ausreichend regenerieren. Es ist ebenso wichtig, abgestorbene Hautschüppchen regelmäßig zu entfernen. So werden die Poren befreit, der Talg kann abfließen und obendrein wird die Zellerneuerung angekurbelt. Wenn die Haut gut gereinigt ist, können die Pflegeprodukte anschließend ihre optimale Wirkung erzielen. Die gründliche Reinigung und Pflege Ihrer Gesichtshaut hält Sie nicht länger als drei Minuten auf.

GESICHTSMASSAGE

Nehmen Sie sich unbedingt jeden Abend zwei Minuten Zeit für eine ausgiebige Gesichtsmassage. Sie werden staunen, wie viel rosiger Ihre Haut danach aussieht! Sie ist besser durchblutet, wirkt dadurch praller und die Gesichtszüge deutlich entspannter. Und hier die Massageanleitung für einen rosigen Glow (→ Abb. rechte Seite):
◆ Verteilen Sie ein paar Tropfen Serum (→ Seite 77) in Ihren Händen. Streichen Sie dann mehrmals

Lassen Sie den Alltag bei einem Spaziergang in der Natur hinter sich.

mit der gesamten Handfläche vom Hals hoch über die Wangen und Schläfen bis zum Haaransatz. Tun Sie dies immer von unten nach oben – niemals in entgegengesetzter Richtung. Dabei nicht zu fest ziehen oder rupfen, damit Sie die empfindliche Gesichtshaut nicht reizen.

◆ Mit der linken Hand streichen Sie nun von der Mitte des Kinns auf der Kieferlinie bis zum rechten Ohrläppchen und dann weiter nach unten den Hals entlang. Wiederholen Sie das Ganze mit der rechten Hand, doch streichen Sie diesmal die linke Kieferlinie aus. Das strafft das Kinn und entschlackt gleichzeitig.

◆ Benutzen Sie nun Ihre Fingerspitzen und massieren Sie in kleinen, kreisenden Bewegungen Ihr gesamtes Gesicht: Wangen, Kinn, Nase und vor allem die Stirn. Sie sollten das Gefühl haben, dass Sie nicht an Ihrer Haut ziehen, sondern die Muskeln unter der Haut lockern.

◆ Fahren Sie mit den Zeigefingern direkt über den Augenbrauen die Stirn entlang, von der Nasenwurzel bis zum äußeren Augenbrauenrand. So lassen sich Zornesfalten mildern.

◆ Kreisen Sie mit beiden Ringfingern mehrmals um beide Augen – allerdings nur entlang der Augenhöhle. Beginnen Sie an der Nasenwurzel, fahren Sie direkt unter der Augenbraue entlang über die Wangenknochen zurück bis zur Nase. Massieren Sie niemals die Augenlider selbst, die Haut ist hier zu zart und empfindlich.

◆ Abschließend fahren Sie mit den Ringfingern in kleinen, kreisenden Bewegungen rund um Ihren Mund. Das hält die Haut elastisch.

KÖRPERMASSAGE

Wenn Sie mit Ihrem Reinigungsritual und der Gesichtsmassage fertig sind, sollten Sie auch Ihrem Körper noch etwas Gutes tun. Eine Ganzkörpermassage (→ Seite 19) fördert nicht nur die Durchblutung und Entgiftung, sondern wirkt auch überaus entspannend und beruhigend.

Faltenlos ohne Botox: Gönnen Sie Ihren Gesichtsmuskeln regelmäßig Entspannung. Zudem fördert eine Massage die Durchblutung Ihrer Haut und versorgt sie mit mehr Sauerstoff. Das fördert die Zellregeneration!

MEDITATION, PRANAYAMA

Pranayama (→ Seite 19) oder eine kurze Meditation lassen nach dem Körper schließlich auch Ihren Geist zur Ruhe kommen und schenken Ihnen einen tiefen und entspannten Schlaf.

TIPP
PERFEKT GEREINIGT

Falls Ihre Haut eher ölig ist und zu Unreinheiten oder Akne neigt, sollten Sie die Reinigung morgens wiederholen. Bei trockener oder sensibler Haut ist es ratsam, das Gesicht am Morgen maximal mit Wasser abzuwaschen, um den natürlichen Schutzmantel nicht überzustrapazieren.

Notox

Natur- kosmetik

Gepflegt vom Scheitel bis zur Sohle! Mit den nun folgenden Rezepten, gegliedert nach den vier Phasen des Programms, sind alle Bereiche der Körperpflege abgedeckt, und das mit rein natürlichen Zutaten.

BASICS

Das Wichtigste vorab

Tun Sie Ihrer Haut etwas Gutes! Nur bei selbst hergestellter Skincare haben Sie die Garantie, dass keine schädlichen Ausgangsstoffe enthalten sind und das Produkt optimal auf die momentanen Bedürfnisse Ihrer Haut abgestimmt ist. Und dabei ist es noch nicht einmal besonders aufwendig oder gar teuer, naturreine Hautpflege selbst anzurühren.

DIE FRAGE NACH DEM WARUM

Mittlerweile gibt es ein sehr großes Angebot an Naturkosmetik, sowohl in Biomärkten als auch in Reformhäusern und sogar in normalen Drogerien. Der Markt wächst inzwischen um einiges stärker als der für konventionelle Kosmetik. Einerseits ist das sehr erfreulich, andererseits führt es leider dazu, dass »green-washing« betrieben wird: Hersteller lassen ihre Erzeugnisse reiner und »grüner« erscheinen, als sie tatsächlich sind, um von diesem Trend zu profitieren. So werben große Konzerne mit hochwertigen natürlichen Zutaten wie Sheabutter, Pflanzenölen, Honig oder exotischen botanischen Wirkstoffen, die sich im Produkt allerdings meist nur in homöopathischen Dosen befinden und von den üblichen synthetischen Inhaltsstoffen komplett überlagert werden. Darüber hinaus ist der Begriff Naturkosmetik nicht geschützt, kann also theoretisch von jedem Hersteller verwendet werden. Wenn man sichergehen will, dass man wirklich reine Kosmetik ohne unnötige Zusätze verwendet, gibt es nur einen Weg: sie selbst herzustellen! Hier die wichtigsten Vorteile auf einen Blick:

- **Alles unter Kontrolle:** Sie wissen ganz genau, was in Ihren Produkten steckt.
- **Typsache:** Sie können Ihre Hautpflege individuell anpassen, das reicht von Ihrem Hauttyp bis hin zu Ihrem Lieblingsduft. Da unsere Haut sich je nach Wetter, Hormonlage und psychischer Verfassung verändert, können Sie auch ganz spontan auf Ihre Bedürfnisse reagieren.
- **»Dermatologisch getestet«:** Wenn Sie Allergien oder sensible Haut haben, können Sie per Ausschlussverfahren herausfinden, welche Inhaltsstoffe Ihnen nicht guttun.
- **Hochwertig:** Sie verwenden keine billigen Filler wie Wasser oder günstige Öle, da die Gewinnmarge bei Ihren Produkten keine Rolle spielt.
- **Frische pur:** Ihre Kosmetik ist immer frisch, da sie nicht monate- oder sogar jahrelang im Regal stand. Darum müssen Sie auch keine schädlichen Konservierungsstoffe verwenden.
- **Bewusst:** Ihre Hautpflege wurde ganz sicher ohne Tierversuche konzipiert und hergestellt!
- **Go Green:** Sie produzieren sehr viel weniger Plastikmüll und andere Umverpackungen, da Sie recycelbare Glastiegel und Flaschen verwenden.

⬧ **Preis-Leistung:** Sie geben weniger Geld aus, erhalten aber hochwertigere Produkte.

⬧ **Stylish:** Sie bestimmen den Look Ihrer Pflegeprodukte und müssen somit die altbackenen Verpackungen vieler Naturkosmetik-Hersteller nicht mehr in Ihrem Bad ertragen!

Also, worauf warten Sie noch? Naturkosmetik selber machen ist viel leichter, als Sie sich das vorstellen, probieren Sie es einfach aus!

DIE ZUTATEN

Wir verwenden für unsere Kosmetik nur reine, natürliche und hauptsächlich pflanzliche Produkte, sodass diese auch für Veganer geeignet ist oder ohne Aufwand angepasst werden kann (z. B. Ersatz von Bienenhonig durch Glyzerin). Achten Sie auf Bio-Qualität, so reduzieren Sie noch zusätzlich die Menge an Schadstoffen und Chemie, der Sie Ihren Körper aussetzen.

BASISÖLE

Sie bilden die Grundlage der meisten Rezepte. Basisöle können pur oder in Kombination mit Wirkstofföl, ätherischen Ölen oder Pflanzenbutter verwendet werden. Zu den gängigsten Produkten gehören Mandelöl, Aprikosenkernöl, Jojobaöl, Arganöl und Kokosöl. Aber auch solche, die man sonst aus der Küche kennt, können verwendet werden, wie z. B. Olivenöl, Sonnenblumen- , Raps- und Leinöl.

Bitte achten Sie bei den Basisölen darauf, dass diese aus kontrolliert biologischem Anbau stammen und nicht raffiniert, sondern kalt gepresst sind. Nur so bleiben die wertvollen Inhaltsstoffe auch wirklich erhalten. Manche unraffinierten Öle haben einen sehr speziellen Duft, der in der Kosmetik nicht immer gewünscht ist. Hierzu zählt beispielsweise Avocadoöl, das allerdings hervorragende Pflegeeigenschaften hat. Mischen Sie diese dann einfach mit einem neutral riechenden Öl (Macadamia- oder Jojobaöl bieten sich an), und fügen Sie ein paar Tropfen ätherisches Öl hinzu. Bei der Verarbeitung zu einem Balm oder einer Creme müssen Sie darauf achten, dass Sie Öle nicht erhitzen, sondern nur schonend erwärmen, am besten im Wasserbad.

WIRKSTOFFÖLE

Wegen ihrer heilenden und regenerierenden Eigenschaften werden Wirkstofföle hauptsächlich in der Gesichtspflege eingesetzt. Hierzu gehören Wildrosen-, Nachtkerzen-, Calendula-, Granatapfelsamen- und Weizenkeimöl. Wirkstofföle sind nicht günstig und werden in der Regel einer Rezeptur aus Basisölen und eventuell Pflanzenbutter beigemischt, um sie aufzuwerten.

PFLANZENBUTTER

Charakteristisch ist ihre feste und sehr reichhaltige, stark rückfettende Konsistenz. Zu den gängigen Pflanzenbuttersorten gehören Sheabutter,

Hochwertige Öle sind die Grundlage unserer Skincare.

Mango- und Kakaobutter. Um sie gut verarbeiten zu können, muss man sie vorher schmelzen. Dazu empfiehlt es sich, sie bei geringer Hitze im Wasserbad zergehen zu lassen. Nach dem Abkühlen kann es passieren, dass sich in der Sheabutter kleine grießartige Klümpchen bilden. Diese sind zwar völlig unbedenklich und schmelzen bei Hautkontakt, fühlen sich beim Auftragen aber unangenehm sandig an. Das Problem lässt sich verhindern, indem man die Sheabutter nach dem Schmelzen schnell herunterkühlt, also entweder im Eisbad oder in der Tiefkühltruhe.

WACHSE

Sie sind hervorragende Konsistenzgeber, verleihen Balms oder Cremes Festigkeit und schließen Feuchtigkeit in der Haut ein. Wir verwenden ungebleichtes (gelbes) Bienenwachs, als vegane Alternative Candelilla- oder Carnaubawachs.

BLÜTENWASSER

Blütenwasser, auch Hydrolate genannt, sind die Basis aller wässrigen Rezepturen. Gegenüber normalem oder destilliertem Wasser haben sie den Vorteil, dass sie die Wirkstoffe ihrer Ursprungspflanze tragen und eine längere Haltbarkeit aufweisen. Besonders empfehlenswert sind Rosenwasser, Lavendelwasser, Orangenblütenwasser, Thymianwasser und Pfefferminzwasser.

TONERDEN

Als wichtige Konsistenzgeber für Masken und Reinigungsprodukte saugen sie Talg und Schmutz regelrecht auf und tragen so zu einem reineren, klareren Hautbild bei.

CASTILE SOAP

Dabei handelt es sich um eine natürliche Flüssigseife, die traditionellerweise mit Olivenöl, inzwischen aber auch auf der Basis von anderen pflanzlichen Ölen wie Kokos-, Sonnenblumen- oder Hanföl hergestellt wird. Sie finden diese Seife im Biomarkt oder im Reformhaus bei den Pflegeartikeln. Bitte achten Sie darauf, dass die Seife unparfümiert ist. Die Inhaltsstoffe (INCI) sollten in etwa so aussehen:

◆ Aqua/Wasser

◆ Potassium Olivate/verseiftes Olivenöl (bzw. ein anderes verseiftes Basisöl)

◆ Alkylpolyglucoside/Zuckertensid (eine waschaktive Substanz auf Zuckerbasis)

◆ Alcohol bzw. gereinigter Alkohol oder Ethanol bzw. Weingeist

◆ Glyzerin/pflanzliches Glyzerin

Was dagegen keinesfalls unter den Inhaltsstoffen aufgeführt sein sollte, sind folgende Zutaten:

◆ Sodium Laureth Sulfate bzw. Sodium Lauryl Sulfate

◆ Parfum

◆ PEG (Polyethylenglycol)

Ohne die letztgenannten Stoffe stellt die Castile Soap jedoch eine natürliche Seifengrundlage dar, die die Herstellung von Duschgel & Co. enorm erleichtert.

Reichhaltige Pflanzenbutter pflegt selbst trockene Haut samtweich.

Egal welche Farbe: Tonerden saugen überschüssiges Fett auf, wirken reinigend und antibakteriell.

Reinigung und sanftes Peeling in einem Schritt!

ÄTHERISCHE ÖLE

Sie gelten als Seele der Pflanzen, als ihre Essenz. Allerdings sind sie hoch konzentriert und damit hochwirksam, weswegen man einige Dinge bei ihrer **Anwendung** beachten muss:

◆ Ätherische Öle nie unverdünnt auf die Haut auftragen, sondern immer mit Basisöl mischen.

◆ Schwangere und Kleinkinder sollten auf ätherische Öle weitestgehend verzichten. Ausnahmen: Rose, Lavendel und Kamille sind in korrekter Dosierung sicher und können Anspannung und Unruhe lindern.

◆ Bei Babys unter drei Monaten und Menschen mit sensibler Haut oder Hautkrankheiten wie Neurodermitis, Psoriasis etc. sollten ätherische Öle besser keine Anwendung finden.

◆ Reizende ätherische Öle wie Eukalyptus, Zitrone oder Zimt sollten Sie gar nicht im Gesicht verwenden, Teebaumöl nur in entsprechender Verdünnung. In geringer Dosierung (ca. 1 Tropfen auf 1 EL Basisöl, idealerweise Traubenkern- oder Hanföl) stellt es ein wirksames Anti-Akne-Mittel in Gesichtsprodukten dar.

Halten Sie sich hinsichtlich der **Dosierung** von ätherischen Ölen am besten an die Angaben im Rezept. Falls Sie jedoch gerne selbst experimentieren wollen, gilt folgende Faustregel:

◆ 20 Tropfen ätherisches Öl ergeben etwa 1 ml.

◆ In Gesichtsprodukten sollte die Konzentration ätherischer Öle nie mehr als 0,5 % betragen. Das entspricht 10 Tropfen und damit 0,5 ml ätherisches Öl auf 100 ml bzw. 100 g des Produkts.

◆ Bei Produkten, die nicht abgewaschen werden (Body Butter, Körperöle), sollte die Konzentration bei etwa 1% liegen, also 20 Tropfen (1 ml) auf 100 ml Produkt.

◆ Bei Produkten, die abgewaschen werden (Duschgel, Scrub, Shampoo), ist eine Konzentration bis zu 2 % möglich, also 40 Tropfen ätherisches Öl (2 ml) auf 100 ml, allerdings würde ich mit einer geringeren Konzentration beginnen.

Bei der **Verarbeitung** von ätherischen Ölen gilt es zu beachten, dass Sie diese nie direkt zu den restlichen Zutaten geben, sondern immer zuerst auf einen Teelöffel träufeln sollten. So können Sie sicherstellen, dass nicht versehentlich zu viel ätherisches Öl im Tiegel landet und das Produkt dadurch unbrauchbar wird. Da ätherische Öle leicht flüchtig und sehr empfindlich sind, sollten Sie diese dem Produkt immer erst während der Auskühlphase hinzufügen.

VIELSEITIG KOMBINIERT

Es braucht nicht viel! Mit den Basic-Zutaten auf Seite 52–53 können Sie bereits eine komplette Pflegeserie erstellen – 100 % synthetikfrei!

◆ **Basisöl:** Ein gutes Bio-Basisöl ist bereits ein vollwertiges Allround-Pflegeprodukt! Man kann es bei normaler oder öliger Haut anstatt einer Gesichtscreme oder Bodylotion verwenden, zum Abschminken (auch für die Augen) oder in geringer Menge als Kur für die Haarspitzen.

◆ **Basisöl + Meersalz:** Ein gutes Basisöl (z. B. Sonnenblumenöl), mit etwas feinem Meersalz vermischt, ergibt einen Scrub, der gründlich peelt und die Haut seidenzart pflegt.

◆ **Basisöl + Blütenwasser:** Öl und Wasser mischen sich nicht miteinander, sondern bilden ein 2-Phasen-Produkt, das sowohl Feuchtigkeit spendet als auch rückfettend wirkt. Aprikosenkernöl halb und halb mit Rosenwasser gemischt, ergibt einen pflegenden Make-up-Entferner, der auch für die Augen verwendet werden kann. Einfach vor jeder Anwendung gut durchschütteln.

◆ **Basisöl + Sheabutter:** Sheabutter pflegt, heilt und spendet Feuchtigkeit für Gesicht und Körper. In Kombination mit einem Basisöl wird die Konsistenz leichter, perfekt für ein reichhaltiges, beruhigendes Reinigungsbalm, eine stark pflegende Bodylotion oder eine Gesichtscreme für trockene Haut. Je höher der Anteil des Basisöls, desto leichter die Konsistenz.

◆ **Blütenwasser** pur ist bereits ein toller Toner.

◆ **Blütenwasser + Aloe vera + Glyzerin** erzielt eine besonders feuchtigkeitsspendende Wirkung, die in vielen verschiedenen Produkten eingesetzt werden kann: als Make-up-Entferner anstelle eines konventionellen Reinigungswassers oder als feuchtigkeitsspendende Komponente, die mit einem Serum aus verschiedenen pflegenden Ölen (→ Seite 77) wie eine leichte Lotion wirkt.

Das erforderliche Equipment haben Sie sicher schon in Ihrer Küche.

SKINCARE IST NAHRUNG FÜR DIE HAUT. GENAU WIE BEI DER ZUBEREITUNG VON ESSEN IST HYGIENE AUCH BEIM HERSTELLEN IHRER EIGENEN PFLEGEPRODUKTE WICHTIG!

EQUIPMENT

Das meiste Equipment findet sich sicher schon in Ihrer Küche. Sie brauchen ein paar Rührschüsseln (Metall, Glas oder Keramik), einen kleinen Rührbesen, einen Milchschäumer, einen Pürierstab und einen kleinen Trichter zum Abfüllen der flüssigen Produkte. Die Trichteröffnung sollte unten maximal 1 cm weit sein.

CLEAN

Genau wie bei der Zubereitung von Essen spielt Hygiene auch beim Herstellen Ihrer eigenen Skincare eine wichtige Rolle. Darum:

◆ Sterilisieren Sie Tiegel und Flaschen vor dem Abfüllen der Kosmetik, indem Sie diese mit einem in Weingeist getränkten Tuch auswischen oder mit kochendem Wasser ausspülen.

◆ Die Rezepte in diesem Buch kommen alle ohne Konservierungsmittel aus. Doch bitte beachten Sie unbedingt die für die jeweiligen Produkte angegebene Haltbarkeitsdauer. Machen Sie sich eventuell einen kleinen Aufkleber auf den Boden des Produkts, auf dem Sie das Herstellungsdatum notieren. Wenn sich die Konsistenz und vor allem der Geruch Ihres Produkts unangenehm verändert, werfen Sie es weg.

◆ Achten Sie darauf, dass keine Feuchtigkeit in Ihre Skincare kommt, die im Wasser enthaltenen Keime würden die Haltbarkeit der Produkte in den meisten Fällen drastisch herabsetzen. Gehen Sie deshalb auch nie mit nassen Fingern in die Tiegel, sondern besser mit einem kleinen Löffel oder Spatel. Das gilt übrigens auch für konventionelle, konservierte Kosmetik. Bei Flüssigkeiten hilft die Verwendung eines Pumpspenders.

Dekorative Gefäße für Ihre Skincare finden Sie in Webshops, im Fachhandel oder auch auf dem Flohmarkt.

ALLERGIETEST

Nur weil unsere Kosmetik aus rein natürlichen Zutaten zubereitet ist, bedeutet das leider nicht, dass sie auch für jedermann verträglich ist. Genau wie bei Lebensmitteln kann man selbst auf den besten und reinsten Pflanzenwirkstoff reagieren. Falls Sie also zu Allergien neigen, sollten Sie jedes Produkt vor der ersten Anwendung testen. Hierzu eine kleine Menge an der Innenseite Ihres Oberarms auftragen, da hier die Haut besonders zart und empfindlich ist. Dann warten Sie etwa 24 Stunden ab, ob sich eine Reaktion zeigt. Besonders sensible Personen können auf diese Art auch erst einmal die einzelnen Inhaltsstoffe testen, bevor sie das eigentliche Produkt anrühren.

GLYZERIN

Der hervorragende Feuchtigkeits-
spender sollte für unsere Skincare aus
pflanzlicher Quelle stammen.

ALOE VERA

Das Gel von einer der ältesten Heil-
pflanzen spendet Feuchtigkeit und
wirkt zudem entzündungshemmend.

HYDROLATE

Besser bekannt als Blütenwasser. Sie
spenden Feuchtigkeit und sind auch
pur ein fantastischer Toner.

MEERSALZ

Als Basis für Scrubs und Bath Salts ist es ein natürliches Peelingmittel und steckt voller Mineralstoffe.

BASISÖLE

Gute Basisöle wie Mandel-, Jojoba-, Kokos- oder Olivenöl sind bereits in Reinform vollwertige Pflegeprodukte.

SHEABUTTER

Die reichhaltige Pflanzenbutter regeneriert die Haut und pflegt selbst trockene Haut streichelzart.

KOKOSÖL

Kokosöl ist ein Allround-Produkt! Es pflegt Haut und Haare seidenweich, beschwert nicht und duftet herrlich.

Dieser Hand & Body Wash reinigt die Haut sanft mit pflanzlicher Castile Soap, wir verwenden also keine harten Tenside wie Sodium Laureth Sulfate. Wertvolle Öle pflegen die Haut und spenden zusätzlich Feuchtigkeit. Das Besondere daran: Mit den ätherischen Ölen können Sie dem Produkt den Duft Ihrer Wahl geben! Am besten passen dazu belebende und erfrischende Zitrus- und Kräuter-öle. Ich verwende den Hand & Body Wash als Duschgel wie auch als Handwaschseife.

HAND & BODY WASH
milde Reinigung für den ganzen Körper

Zutaten für ca. 100 ml:

90 ml Castile Soap

15 ml (1 EL) gutes Basisöl, z. B. Jojoba-, Mandel-, Hanfsamen- oder Macadamiaöl

ÄTHERISCHE ÖLE, OPTIONAL:

20 Tropfen ätherische Öle nach Belieben

Zubereitung:

1. Castile Soap und Basisöl über einen kleinen Trichter in eine 100-ml-Flasche mit Pumpspender umfüllen.
2. Die ätherischen Öle auf einen Löffel träufeln und zur Mischung geben.
3. Die Flasche verschließen und zwischen den Händen rollen, damit sich die Öle mit der Seife vermischen.

Anwendung & Haltbarkeit:

◆ Wie normales Duschgel oder eine Handseife verwenden: Einfach einen Hub aus dem Pumpspender auf die Handfläche geben und den Körper oder die Hände damit einseifen.

◆ Der mild reinigende Hand & Body Wash ist mindestens drei Monate lang zu verwenden.

TIPP
FRISCH UND FRUCHTIG

Durch die Wahl verschiedener ätherischer Öle können Sie Ihrem Hand & Body Wash immer wieder eine neue Duftnote verpassen: Besonders anregend für die Morgendusche ist eine Kombination aus frischen Zitrusdüften wie Mandarine, Grapefruit, Orange Süß oder Bergamotte und belebenden Kräutern wie Minze, Rosmarin oder Salbei. Eine eher entspannende Variante erhalten Sie mit Lavendel, Zeder und Bergamotte. Lassen Sie sich bei der Wahl der ätherischen Öle einfach von Ihrer Nase leiten: Wenn es für Sie angenehm duftet, ist die Kombination gerade richtig. Beachten Sie einfach nur die korrekte Dosierung, nähere Infos dazu finden Sie auf Seite 49–50.

Bei der Hautpflege ist weniger oft mehr, besonders wenn man unter empfindlicher Haut leidet. Wer seine Beautyroutine so clean und einfach wie möglich halten möchte, wird dieses individuelle Allround-Oil lieben, da es gleich mehrere Produkte ersetzt! Ob als Körperöl, Badezusatz, Rasierschaum oder zur Babypflege – das Allround-Oil ist ein echtes Multitasking-Talent, das mit nur drei ganz natürlichen und pflanzlichen Zutaten auskommt!

ALLROUND-OIL
multifunktionales Pflegewunder

Zutaten für ca. 100 ml:

40 ml Macadamiaöl

30 ml Aprikosenkernöl

30 ml Jojobaöl

max. 20 Tropfen ätherische Öle (siehe Anwendung)

Zubereitung:

Die Öle einfach über einen Trichter in eine Braunglasflasche füllen und diese in den Händen mehrmals hin- und herrollen, damit sich die Öle gut vermischen.

Anwendung & Haltbarkeit:

◆ **Als Körperöl:** Nach dem Duschen auf der feuchten Haut einmassieren, das schließt die Feuchtigkeit in der Haut ein. Ein paar Tropfen Grapefruit- und Pfefferminzöl kurbeln die Durchblutung an.

◆ **Zum Rasieren:** 1 TL Öl mit einem Schuss Wasser in der Handinnenfläche vermischen und auf die Haut auftragen. Mit 1 Tropfen Teebaumöl dazu können Sie entzündeten Haarwurzeln vorbeugen.

◆ **Für die Haare oder Bart:** 1–2 Tropfen Öl auf die Finger geben, gut verreiben und dann über die Spitzen streichen. Zähmt Spliss und Frizz und lässt die Haare schön glänzen! Ein paar Tropfen Zeder oder Orange Süß sorgen für den besonderen Duft!

◆ **Als Badezusatz:** Einfach 1 EL Öl in die Wanne geben. Ein paar Tropfen Lavendel, Rose oder Mandarine Süß unterstützen die entspannende Wirkung.

◆ **Pflege für Schwangere & Babys:** Zur Bauch- oder Babymassage, zum Wickeln, als Badezusatz oder gegen Milchschorf. Ätherische Öle wie Lavendel, Kamille oder Rose wirken harmonisierend und entspannend. Bei Babys und Schwangeren aber nicht mehr als 3 Tropfen auf 100 ml Basisöl!

◆ Lichtgeschützt aufbewahrt, ist das Allround-Oil mindestens sechs Monate haltbar.

Ein Lip Balm war das erste Produkt, das ich selbst hergestellt habe, und ich erinnere mich noch sehr genau daran, wie überrascht ich war, dass es so einfach ging. Bis dahin hatte ich immer nur konventionelle Lippenpflegestifte in der Drogerie gekauft, die voll mit Mineralölen und künstlichen Duft- und Geschmacksstoffen waren. Es geht aber auch ganz natürlich und mit nur wenigen Zutaten. Veganer können das Bienenwachs durch Carnauba- oder Candelillawachs ersetzen.

LIP BALM
natürliche Pflege für spröde Lippen

Zutaten für ca. 30 ml:

1 TL Kokosöl

1 TL Sheabutter

½ TL Bienenwachs, als vegane Alternative Carnauba- oder Candelillawachs

1 TL Olivenöl

ÄTHERISCHE ÖLE, OPTIONAL:

1 Tropfen Pfefferminze

Zubereitung:

1. Kokosöl, Sheabutter und Bienenwachs bei geringer Hitze im Wasserbad schmelzen.

2. Dann die Schüssel aus dem Wasserbad nehmen und das Olivenöl einrühren.

3. Die Mischung unter ständigem Rühren auf Handwärme abkühlen lassen.

4. Optional können Sie das Pfefferminzöl auf einen kleinen Löffel geben und einrühren.

5. Dann das Lip Balm in einen kleinen Tiegel gießen und bei offenem Deckel aushärten lassen.

Anwendung & Haltbarkeit:

◆ Bei Bedarf auf die Lippen auftragen.

◆ Das Balm eignet sich auch als intensive Pflege für alle anderen rauen Hautbereiche.

◆ Das Lip-Balm ist etwa sechs Monate haltbar.

 TIPP
AUF VORRAT

Die Zutaten lassen sich leichter dosieren und vermengen, wenn Sie gleich eine größere Menge des Balms herstellen. Durch Variation der ätherischen Öle entstehen immer wieder neue Sorten!

Scrubs sind das ideale Einsteiger-Produkt für unser 28-Tage-Programm, und zwar in zweifacher Hinsicht: Zum einen sind sie günstig zu produzieren, schnell hergestellt, und die Grundzutaten haben Sie mit Sicherheit immer in der Küche! Zum anderen entfernen sie durch sanftes Peelen abgestorbene Zellen aus der obersten Hautschicht und regen die Durchblutung an. Das Geniale daran: Unsere Haut wird von Altlasten befreit und die Zellerneuerung angekurbelt.

BASIC SCRUB
exfolieren und pflegen in einem Schritt

Zutaten für ca. 100 g:

70 g feines Meersalz

2–3 EL (circa 40 ml) geruchsneutrales Pflanzenöl in Bio-Qualität, z. B. Sonnenblumenöl, Rapsöl oder Kokosöl

Zubereitung:

Die Zubereitung ist wirklich kinderleicht!

1. Meersalz und Öl in einer Schüssel gut vermischen, bis eine kompakte Masse entstanden ist, die in etwa die Konsistenz von nassem Sand hat. Das Salz sollte nicht im Öl »schwimmen«.

2. Scrub in einen Tiegel oder ein Weckglas umfüllen.

Anwendung & Haltbarkeit:

♦ Eine Handvoll Scrub unter der Dusche auf der Haut einmassieren und dann abspülen. Gesicht und Dekolleté dabei aussparen.

♦ Den Scrub nicht auf offener oder wunder Haut anwenden, das Salz würde brennen.

♦ Das Produkt ist circa drei Monate haltbar.

♦ Sie sollten den Scrub idealerweise mit trockenen Händen oder einem kleinen Löffel aus dem Tiegel entnehmen, damit kein Wasser in das Produkt kommt. Das verlängert die Haltbarkeit enorm!

TIPP
IMMER WIEDER ANDERS

Und so können Sie Ihren Scrub variieren:

♦ **Aromatherapie:** Fügen Sie circa 20–30 Tropfen ätherische Öle hinzu. Falls Sie nur einen einzelnen Duft verwenden wollen, sind milde Zitrusöle wie Orange Süß oder Mandarine Rot sehr gut geeignet. Als Kombination bieten sich z. B. Rosmarin und Minze, Lavendel und Zitrone oder Grapefruit und Zeder an – Ihrer Fantasie sind keine Grenzen gesetzt.

♦ **Reichhaltige Pflege:** Hierzu 1 EL geschmolzene Kakaobutter oder Sheabutter unterrühren.

♦ **Extra-Peeling:** Nur 1 TL Mohnsamen oder Kaffeepulver sorgen schon für den extra Peelingeffekt.

♦ **Die milde Alternative:** Statt Salz, das auf sehr trockener oder rissiger Haut brennt, können Sie die gleiche Menge an Zucker verwenden.

♦ **Dekorativ:** Himalayasalz verleiht dem Scrub eine hübsche rosa Farbe. Auch klein gehackte, getrocknete Kräuter wie Rosmarin oder Thymian sehen schön aus und sind die perfekte Ergänzung zu den entsprechenden ätherischen Ölen. Ideal auch als Geschenk – ich habe bisher niemanden kennengelernt, der nicht von der Wirkung dieses Produkts begeistert war!

Diese genial einfache Zahnpasta kommt ganz ohne schädliche Zusätze wie
Sodium Laureth Sulfate, Farb- und Geschmacksstoffe sowie Fluorid aus. Pfefferminzhydrolat
und Minzöl wirken mild antibakteriell, ohne Ihre Mundflora zu schädigen. Birkenzucker gibt
der Zahnpasta ihren gewohnt süßlichen Geschmack, ist dabei aber ganz natürlich und
hat im Gegensatz zu anderen Zuckern sogar eine karieshemmende Wirkung.

ZAHNPASTA
natürliche Zahnpflege

Zutaten für ca. 50 g:

2 EL Pfefferminzhydrolat

1 TL Birkenzucker (Xylit)

4 EL weiße oder grüne Tonerde

ÄTHERISCHE ÖLE:

1–2 Tropfen Pfefferminze

Zubereitung:

1. Hydrolat in ein Glas geben, Birkenzucker hinzufügen und mit dem Milchschäumer so lange rühren, bis sich der Zucker komplett aufgelöst hat.
2. Nun die Tonerde einrieseln lassen und gründlich untermischen. Dabei soll eine glatte Masse entstehen.
3. Zuletzt träufeln Sie das Pfefferminzöl zunächst auf einen Löffel, um es dann ebenfalls einzurühren.
4. Die fertige Zahnpasta in einen ausgekochten oder mit Weingeist sterilisierten Tiegel umfüllen.

Anwendung & Haltbarkeit:

- Wie normale Zahnpasta anwenden.
- Das Produkt ist mindestens drei Monate haltbar.
- Bitte gehen Sie nur mit trockener Zahnbürste in den Tiegel, damit kein Wasser in die Paste gelangt.

TIPP
OIL PULLING

Oil Pulling (englisch für »Öl ziehen«) ist eine uralte ayurvedische Praxis zur Mundhygiene. Sie wird vor dem Zähneputzen angewendet und soll bei der Entgiftung helfen wie auch die Zähne weißer machen. Hierfür auf 1 EL Kokosöl 1 Tropfen Pfefferminzöl geben und in den Mund nehmen. Beide Öle haben eine antibakterielle Wirkung. Die Mischung dann einfach zehn Minuten lang im Mund hin- und herbewegen, als würden Sie sich den Mund ausspülen. Anschließend bitte unbedingt in den Abfall spucken, da Kokosöl den Abfluss verstopfen kann, wenn es wieder aushärtet. Nun wie gewohnt die Zähne putzen.

Das Limette Salbei Deo aus dem ersten Buch von The Glow ist eines der beliebtesten Produkte der Leser. Viele sind erstaunt, dass ein selbst gemachtes, natürliches Produkt so wirksam sein kann. Allerdings ist es nicht jedermanns Sache, sich ein cremiges Balm unter die Achseln zu reiben. Deswegen finden Sie hier die flüssige Version zum Aufsprühen. Da wir kein Natron verwenden, ist die geruchshemmende Wirkung nicht so stark wie beim Deo Balm.

LIMETTE SALBEI DEO
frisch und leicht

Zutaten für ca. 100 ml:

70 ml klarer Alkohol (reiner Gin oder Wodka sind am besten geeignet)

30 ml Pfefferminz- oder Hamameliswasser

ÄTHERISCHE ÖLE:

8 Tropfen Salbei

7 Tropfen Limette

Zubereitung:

1. Alle Zutaten in einem Glas miteinander verrühren.
2. Anschließend über einen kleinen Trichter in eine Sprühflasche umfüllen.

Anwendung & Haltbarkeit:

◆ Vor jeder Anwendung kurz schütteln, dann unter die Achseln sprühen und etwas trocknen lassen.
◆ Bitte beachten: Ein natürliches Deo stoppt die Geruchsbildung, unterbindet aber nicht das Schwitzen an sich, da es sich dabei um eine wichtige und gesunde Körperfunktion handelt.
◆ Das Deo ist mindestens sechs Monate haltbar.

TIPP
EXTRA STRENGTH DEO

Falls das Deo eine stärker desodorierende Wirkung haben soll, können Sie zusätzlich Bartflechten-Extrakt verwenden. Die Bartflechte (*Usnea barbata* oder *Usnea lichen*) ist eine antibakteriell wirkende Pflanze, die sehr reizarm und daher auch für die empfindliche Haut unter den Achseln geeignet ist. Geben Sie einfach 5–8 Tropfen des Extrakts zum Deo hinzu, anschließend alles gut miteinander verrühren.

Bittersalz (Epsom Salt) gilt als wahres Wundermittel. Es enthält viel Magnesiumsulfat, das die Muskeln entspannt, Entzündungsreaktionen lindert und Stress mindert, daher wird es schon seit Jahrhunderten als Heilmittel geschätzt. Zusammen mit den ätherischen Ölen von Lavendel und süßer Orange wird daraus ein wirksames Badesalz, das Sie gerade auch am Einstiegswochenende zum 28-Tage-Programm auf einen erholsamen Schlaf vorbereitet.

DETOX BATH SALTS
entspannend und regenerierend

Zutaten für ca. 2–3 Anwendungen:

200 g Bittersalz (Epsom Salt)

200 g Himalayasalz oder einfaches Meersalz

ÄTHERISCHE ÖLE

20 Tropfen Orange Süß

10 Tropfen Lavendel

Zubereitung:

1. Die beiden Salze in einer Schüssel verrühren.
2. Anschließend die ätherischen Öle auf einen Löffel geben und in die Salzmischung einträufeln.
3. Lassen Sie die Mischung etwa 12 Stunden trocknen.
4. Dann nochmals umrühren und in eine Flasche mit weitem Hals oder ein Weckglas umfüllen.

Anwendung & Haltbarkeit:

◆ 1 Tasse (circa 200 ml) Detox Bath Salts ins warme Badewasser geben und auflösen lassen.

◆ Das Badesalz ist etwa ein Jahr lang haltbar.

TIPP
DOPPELTE PFLEGE

Tragen Sie während dem Bad auch eine Gesichtsmaske auf! Der warme Wasserdampf öffnet die Poren und macht die Maske jetzt besonders wirksam.

Sie können das Badesalz übrigens auch mit Öl mischen und als Scrub verwenden, so haben Sie gleich zwei Produkte auf einmal hergestellt! Nehmen Sie dafür einfach eine Handvoll Detox Bath Salts und geben Sie circa 4–5 Esslöffel gutes Basisöl hinzu, hier eignen sich zum Beispiel Sonnenblumen- oder Kokosöl. Reiben Sie sich mit der Mischung ab, doch sparen Sie dabei das Dekolleté, den Hals und das Gesicht aus.

FACE GYM

Fitness für das Gesicht

Bringen Sie Ihre Gesichtskonturen mit einer schnellen Runde Gymnastik in Bestform!
»Faceforming« ist zwar keine Anti-Aging-Wunderwaffe, kann aber den Folgen einseitiger Mimik
und vernachlässigter Gesichtsmuskeln gezielt entgegenwirken.

Gesichtsmuskeln trainieren? Das mag eigenartig klin-
gen, aber denken Sie mal darüber nach: Gut trainier-
te Muskeln sorgen für einen straffen Körper, warum
sollte das nicht auch im Gesicht funktionieren? Genau wie normales Gehen nicht dazu beiträgt, dass
wir durchtrainierte Beine haben, verhilft uns unsere
normale tagtägliche Mimik nicht zu knackigen Apfel-
bäckchen und definierten Gesichtskonturen. Das Face
Gym ist übrigens durchaus keine neue Idee, sondern
war schon im alten China ein bewährtes und darum
überaus beliebtes Schönheitsritual.

Das Gesicht hat 43 Muskeln, die Sie mit den folgenden Übungen stärken und aufbauen können. Dabei
wird zugleich die Durchblutung angeregt und so die
Sauerstoff- und Nährstoffversorgung verbessert, was
wiederum die Regenerationsfähigkeit der Haut und
die Bildung von wichtigen Bausteinen wie Kollagen
oder Elastin unterstützt. Wichtig ist dabei nur, dass
Sie dranbleiben. Einige Übungen zeigen zwar schnellen Erfolg, aber Sie müssen kontinuierlich weiterma-
chen, um den Effekt aufrechtzuerhalten. Beenden Sie
Ihr Work-out am besten, indem Sie mit einem kleinen
Jaderoller über das Gesicht fahren. Das entspannt die
Muskeln und lässt den Teint strahlen.

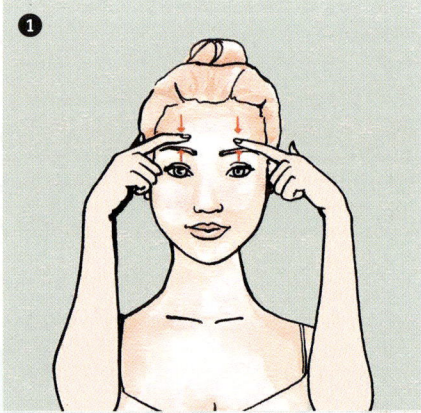

*1. Legen Sie die Zeigefinger knapp über die
Augenbrauen, und drücken Sie die Brauen
leicht nach unten. Versuchen Sie gleichzeitig,
die Augenbrauen hochzuziehen. Durch diese
Übung liften Sie den äußeren Augenwinkel.*

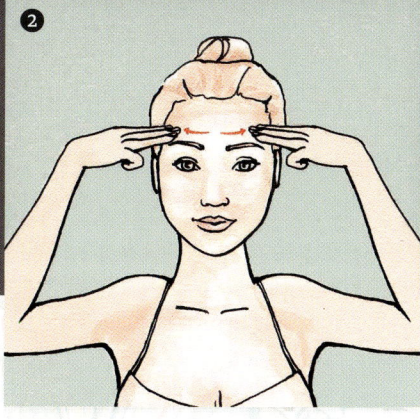

2. Legen Sie Zeigefinger, Mittelfinger und Ringfinger beider Hände auf die Stirn, dann von der Mitte nach außen streichen. Das entspannt die Stirn und mildert die Zornesfalte. Dabei aber nicht an den Hautpartien reißen, sondern nur mit sanftem Druck arbeiten.

3. Stützen Sie einen Ellbogen auf den Tisch, und legen Sie Ihr Kinn auf Ihre Faust. Drücken Sie jetzt mit Ihrer Zunge gegen den Gaumen und arbeiten Sie so gegen den Druck Ihrer Faust an. Diese Übung strafft den Hals und wirkt Wunder gegen ein Doppelkinn.

4. Füllen Sie die Wangen mit Luft, und machen Sie »Hamsterbäckchen«. Nun die ganze Luft in die linke Wange schieben und drei Sekunden halten. Blähen Sie Ihre Wange so stark auf, wie es nur geht. Dann alles in die rechte Wange und wieder halten. Weiter geht's in die Oberlippe und halten, zuletzt in die Unterlippe und halten. Das hilft gegen Nasolabialfalten und entspannt den Mund.

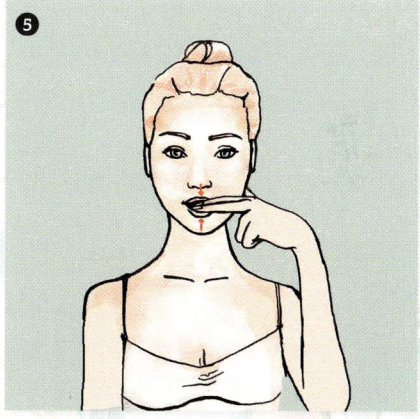

5. Legen Sie zwei Finger zwischen die Lippen, und pressen Sie diese fest aufeinander. Halten Sie die Spannung für etwa sechs bis zehn Sekunden. Danach entspannen und lockern. Damit sorgen Sie für eine straffe Mundpartie.

Diese cremige Reinigungspaste reinigt sanft, aber sehr effektiv. Tonerde zieht den Schmutz aus den Poren, Honig wirkt antibakteriell und hat aufgrund seiner Enzyme einen leichten Peelingeffekt, während das Rosenwasser Feuchtigkeit spendet. Das enthaltene Traubenkernöl ist ein leichtes Öl, das nicht fettend wirkt und mit seinem hohen Gehalt an dem Antioxidans Vitamin E punktet. Wenden Sie den Cleansing Mud täglich zur Gesichtsreinigung oder auch als Maske an.

CLEANSING MUD
gründliche Reinigung für jeden Hauttyp

Zutaten für ca. 100 ml:

2 EL flüssiger Honig, idealerweise Manuka-Honig, oder 1 EL Glyzerin als vegane Alternative

2 EL Rosenwasser

7 EL weiße oder rote Tonerde (eine Mischung aus beiden ergibt eine sehr schöne rosa Farbe)

2 TL Traubenkernöl

ÄTHERISCHE ÖLE, OPTIONAL:

5 Tropfen Mandarine Rot

2 Tropfen Lavendel

Zubereitung:

1. Honig mit Rosenwasser verrühren.
2. Die Tonerde langsam in die Honig-Rosenwasser-Mischung einrieseln lassen. Achten Sie darauf, diese möglichst schnell mit einem kleinen Schneebesen unterzurühren, damit keine Klümpchen entstehen.
3. Zuletzt das Traubenkernöl einrühren.
4. Den fertiggestellten Cleansing Mud in einen sterilisierten Tiegel oder ein sterilisiertes Weckglas umfüllen.

Anwendung & Haltbarkeit:

◆ Abends die Haut anfeuchten, eine kleine Menge Cleansing Mud auftragen und in kreisenden Bewe-

gungen kurz einmassieren. Dann mit viel warmem Wasser oder einem Waschlappen abnehmen.

◆ Anschließend den Toner (→ Seite 74) auftragen und zuletzt auf der noch feuchten Haut das Serum (→ Seite 77) oder den Moisturizer (→ Seite 78) circa zwei Minuten lang einmassieren.

◆ Der Cleansing Mud ist sechs Monate haltbar.

◆ Bitte nicht mit nassen Fingern in den Tiegel greifen, das würde die Haltbarkeit drastisch verringern.

 **WISSEN**
MANUKA-HONIG

Manuka-Honig wird von Bienen aus dem Nektar der Neuseelandmyrte erzeugt. Er ist besonders reich an Methylglyoxal (MGO), einem Stoff, der beim enzymatischen Abbau von Zucker in der Honigwabe entsteht und stark antibakteriell wirkt. Zudem enthält Manuka-Honig wertvolle sekundäre Pflanzenstoffe, wie z. B. die antioxidativ wirkenden Flavonoide, dazu Kalzium, Magnesium, Kalium und Vitamine. Durch seinen Gehalt an Enzymen hat er zudem einen sanften Peelingeffekt. Wirkungsvolle Produkte sollten mit dem Wert MGO 250 oder höher ausgezeichnet sein, sind aber nicht gerade günstig zu erwerben.

Der Gedanke an eine Ölreinigung lässt viele Menschen mit fettiger Haut schaudern. Doch nach dem Prinzip, »Gleiches mit Gleichem bekämpfen« funktioniert sie gerade bei diesem Hauttyp optimal. Der Haut wird signalisiert, dass bereits genügend Öl vorhanden ist, die Talgproduktion wird somit gedrosselt. Jojobaöl ist dem Hauttalg sehr ähnlich, es verbindet sich mit dem Talg und löst ihn so aus den Poren. Traubenkernöl ist reich an antioxidativem Vitamin E und wirkt entzündungshemmend.

OIL CLEANSER
sanfte und porentiefe Reinigung

Zutaten für ca. 100 ml:

50 ml Jojobaöl

50 ml Traubenkernöl

ÖLIGE, ZU ENTZÜNDUNGEN NEIGENDE HAUT:

3 Tropfen Teebaumöl

NORMALE UND TROCKENE HAUT:

3 Tropfen Lavendel

2 Tropfen Geranium

SENSIBLE HAUT:

keine ätherischen Öle verwenden

Zubereitung:

1. Jojoba- und Traubenkernöl über einen kleinen Trichter in eine Braunglasflasche füllen.
2. Gegebenenfalls ätherische Öle auf einen Löffel träufeln und dazugeben.
3. Die Mischung gut durchschütteln.

Anwendung & Haltbarkeit:

♦ Abends eine kleine Menge Öl auf das ungereinigte Gesicht auftragen und gut einmassieren. Dann einen Waschlappen – besser ein Mikrofasertuch – in sehr warmes, fast heißes Wasser tunken und das Öl damit sorgfältig abnehmen.

♦ Die Haltbarkeit beträgt mindestens sechs Monate.

TIPP
FÜR TROCKENE HAUT

Für sehr trockene und dehydrierte Haut ist das Oil Cleansing nicht ideal (→ Seite 23). Verwenden Sie hier besser einen Cleansing Mud (→ Seite 69) oder das Cleansing Water (→ Seite 73).

Für alle, die gerne Mizellenwasser oder Reinigungstücher verwenden, kommt hier eine komplett natürliche Variante: Das Cleansing Water reinigt die Haut mit purem Blütenwasser, beruhigender Aloe vera, feuchtigkeitsspendendem Glyzerin und rückfettendem Jojobaöl. Der perfekte Reiniger, wenn es abends mal schnell gehen muss oder für zwischendurch. Wie den Floral Toner kann man auch dieses Produkt mit ein paar Tropfen Serum zu einer leichten Creme mischen.

CLEANSING WATER
schnelle und sanfte Reinigung

Zutaten für ca. 140 ml:

TROCKENE ODER NORMALE HAUT:

80 ml (circa 5–6 EL) Rosen- oder Lavendelwasser

30 ml (2 EL) Jojobaöl

20 ml (4 TL) Aloe-vera-Gel

10 ml (2 TL) Glyzerin

ÖLIGE UND UNREINE HAUT:

80 ml (circa 5–6 EL) Hamamelis-, Thymian- oder Pfefferminzwasser

20 ml (4 TL) Aloe-vera-Gel

15 ml (1 EL) Jojobaöl

10 ml (2 TL) Glyzerin

Zubereitung:

Alle Zutaten über einen kleinen Trichter in eine sterilisierte Flasche abfüllen.

Anwendung & Haltbarkeit:

◆ Vor jeder Anwendung gut schütteln, damit sich das Öl mit dem Blütenwasser vermischt. Dann einige Tropfen auf ein Wattepad geben und Gesicht, Hals und Dekolleté sanft damit abwischen.

◆ Anschließend wahlweise das Serum (→ Seite 77) auf dem Gesicht einmassieren oder einen kleinen Klecks Moisturizer (→ Seite 78) verwenden.

◆ Das Cleansing Water ist sechs Monate haltbar.

 WISSEN
DAS RICHTIGE HYDROLAT

Blütenwasser enthalten neben einem geringen Anteil von ätherischen Ölen vor allem die wasserlöslichen Inhaltsstoffe der jeweiligen Pflanze und entfalten dementsprechend unterschiedliche Wirkungen:

Rosenblütenwasser ist hautpflegend, beruhigend und kühlend und wird seit Jahrtausenden dazu verwendet, den Alterungsprozess zu verlangsamen.

Lavendelwasser stärkt die Widerstandskraft der Haut und fördert deren Regeneration. Zudem verfügt es über eine reinigende und desinfizierende Wirkung.

Hamamelishydrolat desinfiziert, hemmt Entzündungen, lindert Juckreiz und fördert allgemein die Wundheilung. Durch seine adstringierende Wirkung verfeinert es den Teint bei großporiger Haut.

Thymian- und Pfefferminzwasser haben einen desinfizierenden und adstringierenden Effekt und beleben durch ihren erfrischenden Duft.

Perfekt nach der Reinigung, nach dem Sport oder an einem heißen Sommertag einfach mal zwischendurch zur Erfrischung! Dieses herrlich duftende Blütenwasser pflegt die Haut mit nur zwei ganz natürlichen Zutaten: Rosenwasser beruhigt die Haut, Aloe Vera spendet Feuchtigkeit. Somit ist der Floral Toner auch für sensible Haut geeignet. Mit ein paar Tropfen Serum vermischt ergibt sich eine leichte Lotion, die sowohl Feuchtigkeit spendet als auch rückfettend wirkt.

FLORAL TONER
erfrisccht und spendet Feuchtigkeit

Zutaten für ca. 100 ml:

80 ml Rosenwasser

20 ml Aloe-vera-Gel

Zubereitung:

Beide Zutaten über einen Trichter in eine Sprühflasche füllen und gut schütteln.

Anwendung & Haltbarkeit:

* Nach der Reinigung auf das Gesicht sprühen.
* Anschließend ein Serum (→ Seite 77) auftragen oder bei trockener, empfindlicher Haut einen Klecks Moisturizer (→ Seite 78) einmassieren.
* Der Toner ist etwa sechs Monate haltbar.

TIPP
ALOE VERA

Aloe vera ist eine der ältesten bekannten Heilpflanzen. Sie wirkt kühlend, feuchtigkeitsspendend und entzündungshemmend. Man kann die langen, stacheligen Blätter frisch kaufen, zudem ist Aloe vera als Saft oder als Gel im Reformhaus oder in einschlägigen Naturkosmetik-Webshops erhältlich.

Falls Sie das Gel frisch aus dem Blatt gewinnen wollen, schneiden Sie erst die Schnittstelle noch einmal sauber an, dann die stacheligen Seiten in Längsrichtung abschneiden. An den Schnittstellen tritt ein gelblicher Saft aus. Lassen Sie diesen ein paar Minuten lang auf ein Küchentuch abfließen; er enthält den Stoff, den die Aloe-vera-Pflanze zum Schutz gegen Insektenfraß einsetzt (Aloin). Die Flüssigkeit riecht übel, schmeckt extrem bitter und reizt die Haut. Schneiden Sie das Blatt nun längs auf und lösen Sie mit einem Messer vorsichtig das klare, gelartige Fruchtfleisch aus. Dabei nicht zu nah an die Schale herangehen, da diese reich an Aloin ist. Das Fruchtfleisch ist etwa eine Woche lang haltbar. Sie können es auch in kleine Eiswürfelbehälter füllen und einfrieren, so haben Sie immer eine Portion Aloe vera zur Hand.

Dieses Serum pflegt die Haut intensiv. Wenn Sie eher ölige und entzündliche Haut haben, können Sie das Serum anstatt eines Moisturizers benützen. Das signalisiert Ihrer Haut, dass genügend Öl vorhanden ist, und reguliert so die Talgproduktion.
Bei trockener und reifer Haut geben Sie einfach noch einen Spritzer Floral Toner oder pures Rosenwasser hinzu. So versorgen Sie Ihre Haut sowohl mit Feuchtigkeit als auch mit Öl.

ANTIOXIDANT SERUM
perfekt für die Gesichtsmassage

Zutaten für ca. 30 ml:

FÜR REIFE, TROCKENE, SENSIBLE HAUT:

15 ml (1 EL) Arganöl

5 ml (1 TL) Granatapfelkernöl

5 ml (1 TL) Wildrosenöl

5 ml (1 TL) Nachtkerzenöl

optional je ein Tropfen von den ätherischen Ölen Lavendel, Weihrauch, Geranium

FÜR ÖLIGE UND UNREINE HAUT:

15 ml (1 EL) Jojobaöl

5 ml (1 TL) Hanfsamenöl

5 ml (1 TL) Nachtkerzenöl

5 ml (1 TL) Traubenkernöl

optional je ein Tropfen von den ätherischen Ölen Rosmarin, Minze, Teebaum

Zubereitung:

Alle Zutaten über einen kleinen Trichter in die Flasche geben und kurz schütteln. Ideal sind Pipettenflaschen, sie erleichtern das Dosieren.

Anwendung & Haltbarkeit:

◆ Massieren Sie abends ein paar Tropfen des Serums in die sorgfältig gereinigte, noch feuchte Haut. Nehmen Sie sich dafür mindestens eine Minute Zeit, das fördert die Durchblutung und lässt die Wirkstoffe gut einziehen. Die Öle bilden einen zarten Film, weshalb die Feuchtigkeit nicht sofort verdunstet, sondern in der Haut gespeichert wird.
◆ Gönnen Sie sich beim Einpflegen doch gleich eine wohltuende Gesichtsmassage (→ Seite 42).
◆ Das Serum ist mindestens drei Monate haltbar.
◆ Bitte nicht im prallen Sonnenlicht lagern und am besten eine Braunglasflasche verwenden, damit die Öle auch vor dem Tageslicht geschützt sind.

Herkömmliche Cremes enthalten viel Wasser, das nach dem Auftragen aber oft sofort verdunstet. So wirkt die Haut wieder trocken. Dieses genial einfache Pflegebalm schließt dagegen die Feuchtigkeit in der Haut ein, ohne sie zu ersticken. Es besteht aus vier milden, natürlichen Zutaten und ist daher auch für sensible Haut geeignet. Sheabutter, Jojoba- und Kokosöl glätten und spenden Feuchtigkeit, Wildrosenöl kurbelt die Kollagenproduktion an und wirkt regenerierend.

MOISTURIZING BALM
für normale, trockene und reife Haut

Zutaten für ca. 50 g:

30 g Sheabutter

10 g (2 TL) Kokosöl

10 ml (2 TL) Jojobaöl

5 ml (1 TL) Wildrosenöl

Zubereitung:

1. In einen kleinen Topf etwa zwei Finger hoch Wasser einfüllen und zum Kochen bringen.
2. Sheabutter und Kokosöl in eine Schüssel geben und im vorbereiteten Wasserbad schmelzen.
3. Wenn beides flüssig ist, Schüssel aus dem Wasser nehmen und das Jojoba- und Wildrosenöl einrühren.
4. Anschließend eine große Schüssel mit eiskaltem Wasser und Eiswürfeln befüllen. Die angerührte Mischung in die Schüssel mit Eiswasser stellen und so lange mit dem Milchschäumer aufschlagen, bis das Balm eine weiche, fluffige Konsistenz bekommt.
5. Zuletzt das fertige Produkt in einen sterilisierten Tiegel oder ein Weckglas umfüllen.

Anwendung & Haltbarkeit:

◆ Morgens und abends nach der Reinigung in die Haut von Gesicht, Hals und Dekolleté einmassieren.

◆ Da das Balm allein aus Pflanzenbutter und Ölen besteht, benötigen Sie nur eine sehr kleine Menge.

◆ Sollten Sie das Gefühl haben, mehr Feuchtigkeit zu brauchen, so tragen Sie unter dem Moisturizer den Floral Toner (→ Seite 74) auf und massieren das Balm noch zusätzlich dazu ein.

◆ Das Balm ist mindestens drei Monate haltbar.

◆ Bitte darauf achten, dass keine Feuchtigkeit in das Produkt kommt. Idealerweise entnehmen Sie das Balm mit einem kleinen Spatel aus dem Tiegel.

◆ Bei sehr warmen Temperaturen wird das Balm weicher, das tut der Wirkung jedoch keinen Abbruch. Sie können es getrost weiterverwenden oder im Kühlschrank wieder aushärten lassen.

TIPP
VARIANTEN

Der Moisturizer ist ein echtes Multitasking-Talent. Er eignet sich nicht nur für die Gesichtspflege von Frauen, sondern auch von Männern und sogar von Babys. Sie können ihn zudem als Body Lotion oder als Handcreme sowie als reichhaltiges Reinigungsbalm zum Abschminken verwenden. Gehen Sie dabei einfach wie beim Oil Cleansing (→ Seite 70) vor.

1. Sheabutter und Öle im Wasserbad bei geringer Wärmezufuhr auf-schmelzen, bis sie flüssig sind.

2. Schüssel mit den flüssigen Zutaten aus dem Wasserbad nehmen und in ein Gefäß mit Eiswasser stellen. Mit dem Milchschäumer aufschlagen, bis die Konsistenz cremig ist.

Matcha Tee liegt absolut im Trend und gilt zu Recht als Beauty-Getränk schlechthin! Das intensiv grüne Pulver besteht aus den reinen zermahlenen Blättern des grünen Tees und gilt als das Lebensmittel mit dem höchsten Anteil an Antioxidantien überhaupt. Das macht das Pulver auch für die Hautpflege besonders wertvoll. Diese giftgrüne Maske sieht aufgetragen nicht besonders attraktiv aus, aber dafür strahlt Ihre Haut nach der Anwendung umso mehr!

MATCHA MASKE
wirkt entzündungshemmend und regeneriert die Haut

Zutaten für ca. 3 Anwendungen:

1 EL weiße oder grüne Tonerde

4–5 TL Aloe-vera-Gel oder -Saft

½ TL Matchapulver

OPTIONAL:

1 TL Traubenkernöl (bei eher trockener Haut)

Zubereitung:

1. Matchapulver und Tonerde mit Aloe vera zu einer glatten, geschmeidigen Paste verrühren.

2. Falls gewünscht, nun noch das Traubenkernöl hinzufügen. Damit trocknet die Maske nicht so schnell an und ist zugleich besser für trockene Haut geeignet.

Anwendung & Haltbarkeit:

◆ Die Maske in einer dünnen Schicht auf die gereinigte, feuchte Haut auftragen und einwirken lassen. Nach etwa zehn Minuten mit viel warmem Wasser gründlich abwaschen.

◆ Falls Sie nach der Anwendung bemerken, dass Ihre Haut warm und gerötet ist, so ist das bei Weitem kein Grund zur Sorge! Vielmehr bedeutet dies, dass Ihre Gesichtshaut sehr gut durchblutet ist und die Maske ihre volle Wirkung entfaltet. Sollte Ihnen

der Effekt zu stark sein, reduzieren Sie beim nächsten Mal die Menge an Matchapulver oder wenden die mildere Glow Maske an.

◆ Im Kühlschrank aufbewahrt ist die Maske mindestens zwei Wochen haltbar. Entscheidend ist hier das Mindesthaltbarkeitsdatum der Aloe vera.

◆ Bitte nur mit sauberen, trockenen Fingern in den Tiegel fassen oder einen kleinen Löffel verwenden, damit keine Keime ins Produkt kommen.

TIPP
DOPPELTE WIRKUNG

Nutzen Sie die Zeit! Während die Maske einwirkt, können Sie entspannt einen Matcha Tee oder einen Matcha Latte trinken. So profitiert Ihre Haut doppelt von den wertvollen Vitaminen und Antioxidantien.

Diese pechschwarze Maske mit reinigender Aktivkohle zieht selbst den kleinsten Schmutzpartikel aus den Poren. Die Struktur der Kohle lässt sie wie einen Schwamm wirken, der Giftstoffe, Schmutz und Talg geradezu aufsaugt und die Haut porentief reinigt. Die Maske ist damit besonders gut für ölige und zu Unreinheiten neigende Haut geeignet oder als partielle Maske für »Problemzonen« wie Kinn und Nase.

DEEP CLEANSE MASKE
reinigt intensiv und porentief

Zutaten für ca. 15 Anwendungen:

7 TL Heilerde oder jede andere Tonerde

1 TL Aktivkohle

2 EL Blütenwasser, z. B. Hamamelis-, Thymian- oder Pfefferminzwasser

4 TL Traubenkernöl

4 Tropfen Teebaumöl

Zubereitung:

1. In einer kleinen Schüssel Heilerde und Aktivkohle vorsichtig mit dem Blütenwasser verrühren. Achtung: Sie sollten das Pulver nicht einatmen.
2. Anschließend das Traubenkernöl einrühren.
3. Zum Schluss das Teebaumöl auf einen kleinen Löffel abmessen und gleichfalls untermengen.
4. Die Maske in einen kleinen Tiegel umfüllen.

Anwendung & Haltbarkeit:

◆ Einen Teelöffel der Maske auf die vorgereinigte Haut auftragen. Wenn sich die Maske trocken anfühlt oder das Gesicht anfängt zu spannen, mit einem Waschlappen und viel warmem Wasser abwaschen. Die Kohle ist jedoch relativ hartnäckig!

◆ Die Maske ist mindestens drei Monate haltbar.

◆ Achten Sie darauf, nicht mit nassen Fingern in den Tiegel zu greifen, das würde die Haltbarkeit des Produkts drastisch verringern.

 WISSEN
TEEBAUMÖL

Das ätherische Öl aus den Blättern des australischen Teebaumes enthält zu einem großen Anteil Terpene, eine Stoffgruppe, die Bakterien und Pilzen nachweislich das Leben schwer macht. Schon die Ureinwohner Australiens wussten dies zu nutzen: Sie zerrieben die Blätter des Teebaumes, um damit Wunden, Insektenstiche und Hautinfektionen zu behandeln, oder bereiteten Aufgüsse gegen Erkältungen sowie Hals- und Zahnfleischentzündungen. In der Kosmetik verwendet man Teebaumöl aufgrund seiner desinfizierenden und austrocknenden Eigenschaften vor allem zur Pflege von öliger und zu Unreinheiten neigender Haut. Auch Akne und Schuppenflechte kann man damit effektiv den Kampf ansagen. Doch Vorsicht: Das Öl nie unverdünnt auftragen und geöffnete Flaschen möglichst schnell aufbrauchen. Denn unter dem Einfluss von Licht und Sauerstoff entstehen im Öl Stoffe, die zu allergischen Reaktionen führen können.

Eine geballte Ladung Betacarotin und Vitamin C – und somit die perfekte Maske für trockene, fahle Haut, die einen Frischekick braucht! Papaya enthält das Enzym Papain, welches Hautschüppchen ganz sanft ablöst, ohne die Haut dabei zu reizen. Joghurt und Honig liefern Milch- bzw. Fruchtsäuren und spenden Feuchtigkeit, während der Zitronensaft mit einer Portion Vitamin C sanft exfoliert und den Teint zum Strahlen bringt.

GLOW MASKE
bringt die Haut ganz sanft zum Strahlen

Zutaten für 3–4 Anwendungen:

100 g Papaya-Fruchtfleisch

3 EL Naturjoghurt (nicht fettarm!) oder Kokosjoghurt (→ Seite 117)

1 EL Honig

1 TL Kokosöl

1 Spritzer Zitronensaft

Zubereitung:

1. Papaya aufschneiden, Kerne mit einem Löffel entfernen und Fruchtfleisch möglichst nah an der Schale auslösen (hier steckt das meiste Papain!).
2. Das Fruchtfleisch mit Joghurt und Honig pürieren und den Zitronensaft dazugeben.
3. Zum Schluss das Kokosöl bei geringer Wärmezufuhr schmelzen und unter die Mischung rühren.

Anwendung & Haltbarkeit:

◆ Eine etwa walnussgroße Menge auf der gereinigten Haut auftragen. Die Maske nach circa 15 Minuten mit viel warmem Wasser wieder abnehmen.
◆ Im Kühlschrank maximal eine Woche haltbar.
◆ Sie können den Rest aber auch in einem Eiswürfelbehälter einfrieren und bei Bedarf wieder auftauen.

WISSEN
SANFTE ERNEUERUNG

Mit einem sanften Oberflächenpeeling können Sie Ihrer Haut gleich in mehrfacher Hinsicht den Glow zurückbringen: Die Entfernung oberflächlich abgestorbener Zellen lässt Sie nicht nur deutlich frischer aussehen, sondern beugt auch der Verstopfung von Poren durch Hautschuppen und so der Entstehung von Hautunreinheiten vor. Zudem kurbelt ein Peeling die Durchblutung und die Regeneration der Haut an. Diese Effekte lassen sich auf dreierlei Art erreichen:
Mechanisch: Neben Bürsten und Mikrofasertüchern sorgen auch Masken mit Salz- bzw. Zuckerkristallen oder Tonerden (→ Seite 82) für den Rubbeleffekt.
Chemisch: Wie bei der Glow Maske rücken hier den Hautschuppen hochwirksame Fruchtsäuren zu Leibe.
Enzymatisch: Dabei wird die Reinigungskraft natürlicher Enzyme (z. B. Papain aus Papaya) genutzt.
Doch Vorsicht: Amerikanischen Studien zufolge birgt ein zu häufiges Peeling nicht nur die Gefahr von Irritationen und Rötungen der Haut, sondern kann überdies zu vorzeitiger Hautalterung führen, da die tieferen Hautschichten schlichtweg überfordert sind, neue Zellen in entsprechendem Umfang nachzubilden.

GESUNDE HAARE

Keine Chance für Bad Hair Days!

Haare sind nicht nur der Rahmen für unser Gesicht, sondern auch der Spiegel unserer Seele. Geht es uns gut, lassen sie sich problemlos frisieren, sind wir dagegen schlecht drauf, hängen sie oft traurig an uns herab. Kein Grund zum Haareraufen! Mit der richtigen Pflege zeigen sich Ihre Haare bald wieder von ihrer glänzenden Seite.

Schönes Haar beginnt mit der Kopfhaut, genauer gesagt, in den Haarwurzeln. Diese müssen ausreichend mit Nährstoffen versorgt und gut durchblutet werden, damit die Haare gesund und stark wachsen können. Während unsere Haut ein lebendes Organ ist, das sich selbst regenerieren kann, sind die Haare eigentlich bereits abgestorbenes Gewebe (wie schmerzhaft wäre auch sonst ein Haarschnitt!) und damit auf Hilfe von außen, sprich: Pflegeprodukte, angewiesen! Je naturbelassener diese sind, desto besser.

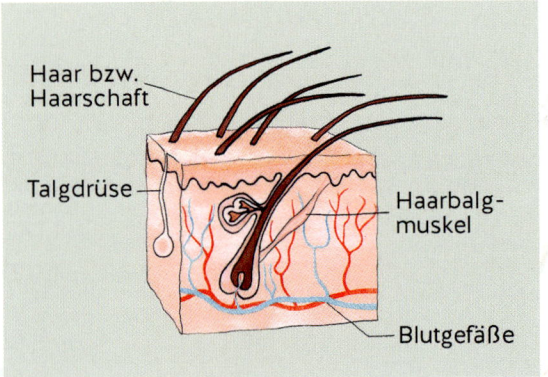

Der Aufbau von Haar und Kopfhaut.

FALSCHER ANSATZ

Konventionelle Shampoos und Conditioner liefern direkt bei den ersten Anwendungen gute Ergebnisse. Sie machen das Haar schön weich, glänzend und gut kämmbar. Doch die Sache hat einen Haken: Die Liste der Inhaltsstoffe eines gängigen Shampoos liest sich wie ein Chemiebaukasten. Die Basis jeden Shampoos ist immer Wasser, dicht gefolgt von Sodium Laureth Sulfate, einer aggressiven waschaktiven Substanz. Dann folgen Emulgatoren, Silikone, Sulfate, Konsistenzgeber, Konservierungsstoffe, Alkohol, künstliche Farb- und Duftstoffe. Kurzum: eine Menge Synthetik, die die Haarstruktur und den Säureschutzmantel der Kopfhaut schädigt. So wird das Haar trocken und brüchig, verliert seinen Glanz und wird schwerer kämmbar, die Spitzen lösen sich auf und Spliss entsteht. Was dann wiederum dazu führt, dass man noch mehr Conditioner, Haarmasken und -seren kauft.

Lassen Sie sich nicht von den Marketing-Versprechen konventioneller Haarpflege-Hersteller täuschen. Auf dem Etikett werden oft hochwertige natürliche Rohstoffe wie Pflanzenöle, Sheabutter oder Honig angepriesen, aber ein Blick auf das Kleingedruckte zeichnet ein ganz anderes Bild: Begraben unter circa 20 synthetischen Inhaltsstoffen finden Sie pflanzliche Öle meistens ganz unten in der Liste, was bedeutet, dass sie nur in winzigen Mengen vorhanden sind. Wenn Ihre Haare nach dem Waschen schön glänzen und sich weich anfühlen, liegt das sicher nicht an den Mikromengen von Pflanzenöl im Shampoo, sondern an Silikonen, die sich auf die Keratinschuppen auf dem Haarschaft legen und sie somit glätten. Langfristig wird genau das zum Problem: Silikon ist nicht gut wasserlöslich, es baut sich deshalb mit jeder Wäsche weiter auf und kleistert Kopfhaut und Haare regelrecht zu. Diese können somit nicht mehr atmen und Feuchtigkeit aufnehmen. Die Haare trocknen aus, wirken stumpf und brechen.

DOS AND DON'TS

Wie bei der Haut spielen auch bei den Haaren nicht nur die äußere Pflege, sondern genauso die Ernährung und sogar die Psyche eine entscheidende Rolle. Hier ein paar Tipps zur ganzheitlichen Pflege Ihrer Mähne.

BESSER NICHT

Glätten, locken, färben, föhnen, bleichen und tönen – leider schädigen all diese Prozeduren das Haar dauerhaft. Zu den Angriffen von außen kommen innere Faktoren wie Stress oder eine ungesunde Ernährung, die das Nachwachsen von kräftigem Haar behindern. Darum:

◆ **Keine Chemie:** Tönen ist schonender als Färben, da sich die Farbe nur auf das Haar legt und nicht eindringt. Lassen Sie Ihr Haar möglichst mit natürlichen Haarfarben behandeln, und bleiben Sie nah an Ihrer natürlichen Haarfarbe. So ist der Ansatz leichter zu kaschieren und Sie müssen nicht so oft nachfärben.

◆ **Keine Hitze:** Lassen Sie den Lockenstab weg, und wickeln Sie stattdessen abends die fast trockenen Haarsträhnen um selbst gedrehte

Fast jede Frau wünscht sich langes, volles, gesundes Haar: Mit der richtigen Ernährung und Pflege können Sie Ihre Haarqualität dauerhaft verbessern!

Papilotten aus Kosmetiktüchern! Morgens einfach mit den Fingern auskämmen – sieht wunderschön und vor allem natürlich aus! Nicht nur der Lockenstab, auch das Glätteisen schadet Ihrem Haar, wenn Sie zu oft über die einzelnen Strähnen gehen. Ein bis zwei Striche genügen!

◆ **Kein Stress:** Unser alter Bekannter Stress ist einer der Hauptgründe für Haarausfall. Stresshormone führen zu einer Entzündung der Haarfollikel, welche die Haarwurzel umschließen und das Haar so in der Haut verankern. Die Entzündung bewirkt, dass das Haar vorzeitig ausfällt. Also: Nicht nur der Haut, auch der Haare wegen ist immer mal wieder Stressabbau angesagt!

◆ **Keine einseitige Ernährung:** Insbesondere der Mangel an Vitamin E, Eisen, Zink und bestimmten Proteinen kann zu stumpfem, tro-

Schönes Haar beginnt mit einer gesunden Kopfhaut. Sanftes Bürsten verstärkt deren Durchblutung und regt das Wachstum der Haare an. Außerdem wird so Talg bis in die Haarspitzen verteilt, was diese geschmeidig hält.

ckenem Haar und sogar Haarausfall führen. Darum auch bei Diäten immer auf eine ausgewogene, abwechslungsreiche Ernährung achten!

WAS KOPFHAUT & HAARE LIEBEN

◆ **Hair Food:** Proteine, Vitamine und Mineralstoffe – schönes, kräftiges Haar ist auf all diese Nährstoffe angewiesen, um gesund wachsen zu können. Besonders die Vitamine A, B, C, E und H (Biotin) sowie Eisen, Magnesium, Kupfer, Selen und Zink dürfen nicht fehlen.

◆ **Kopfmassage & Inversions:** Ob Kopfmassage oder Yoga-Umkehrhaltungen (Inversions) wie zum Beispiel der Kopfstand oder der Downward Dog (falls Ihnen Akrobatik nicht liegt) – beides

sorgt für eine bessere Durchblutung der Kopfhaut. Das wiederum regt die Haarwurzeln an. Wenn Sie mit Yoga nichts anfangen können, legen Sie sich einfach aufs Bett und lassen den Kopf ein paar Minuten über den Rand hängen, das hat genau den gleichen Effekt.

◆ **100 Bürstenstriche:** Ehrlich, dieses alte Ammenmärchen? Dachte ich ursprünglich auch. Aber wenn man sich die Prachtmähnen und meterlangen Zöpfe unserer Urahninnen auf alten Fotos und Gemälden ansieht, muss man zugeben, dass da etwas dran sein muss! Auch die täglichen Bürstenstriche regen die Durchblutung der Kopfhaut und damit der Haarwurzeln an, zudem verteilen sie auch den überschüssigen Talg in den Haarlängen und halten diese geschmeidig und glänzend. Besorgen Sie sich unbedingt eine gute Naturhaarbürste, damit die Haare nicht brechen. Zuerst immer die Spitzen ausbürsten, erst dann arbeiten Sie sich nach oben zum Ansatz vor.

NATÜRLICHE HAARPFLEGE

Naturkosmetik pflegt die Haare sanft ohne aggressive Tenside, Silikone und schädliche Konservierungsstoffe. Natürliche Öle mit wertvollen Nährstoffen können ins Haar einziehen und es so von innen reparieren. Ätherische Öle verleihen Ihrem Haar nicht nur einen angenehmen Duft, sondern helfen zudem dabei, die Pflege speziell auf Kopfhaut und Haar abzustimmen (→ Tabelle, rechte Seite). Auf den folgenden Seiten finden Sie eine Auswahl von Produkten, die Sie zu Hause ganz leicht selbst herstellen können. Ein paar Dinge sollten Sie jedoch wissen, bevor Sie bei Ihrer Haarpflege auf Natur pur umsteigen:

Wenn Sie konventionelle Shampoos und Conditioner gewohnt sind, haben Sie eine gewisse Erwartungshaltung an Ihre Produkte: Das Shampoo soll intensiv schäumen, der Conditioner weich machen und nach dem Waschen quietschen die Haare regelrecht vor Sauberkeit.

Das wird bei der Naturkosmetik-Haarpflege nicht der Fall sein – vorerst. Ihre Kopfhaut muss sich an die neuen Produkte gewöhnen, besonders die Talgproduktion muss sich neu einstellen. Bisher fettet die Kopfhaut zu schnell nach, weil Ihr altes Shampoo die Kopfhaut ausgetrocknet hat. Es dauert auch eine Weile, bis die Rückstände der alten Pflegemittel ausgewaschen sind.

Haben Sie daher etwas Geduld, und gehen Sie unvoreingenommen an die Sache ran. Geben Sie Ihren Haaren und der Kopfhaut mindestens zwei Wochen Zeit, sich an die neue Pflegeroutine zu gewöhnen. Und bitte bedenken Sie, dass die nährstoffreiche Ernährung sich erst in den ab jetzt nachwachsenden Haaren zeigen kann, denn die schon bestehenden Haare sind bereits abgestorben und profitieren nicht mehr von einer gut genährten und durchbluteten Haarwurzel.

TIPP
RADIKALKUR

Entgegen aller Werbeversprechen können beschädigte Haarspitzen nicht wieder gesund gepflegt werden; man kann den Schaden allenfalls vorübergehend maskieren. Pflegeprodukte gegen Spliss legen sich auf die Enden und kitten diese kurzzeitig zusammen, doch spätestens nach der nächsten Haarwäsche ist der Zauber vorbei. Nur ein ausreichender Rückschnitt der Haare kann garantieren, dass der Spliss nicht fortschreitet und die Haarenden wieder gesund nachwachsen.

INDIVIDUELLE PFLEGE FÜR KOPFHAUT UND HAARE DURCH ÄTHERISCHE ÖLE

SIE HABEN:	DIESE ÄTHERISCHEN ÖLE HELFEN:
Fettiges Haar	Bergamotte, Thymian, Kamille, Zitrone, Teebaum, Wacholder, Zeder, Eukalyptus
Trockenes, geschädigtes Haar	Geranium, Kamille, Jasmin, Orange süß, Lavendel, Rosmarin, Ylang Ylang, Zeder
Sensible, trockene Kopfhaut, Schuppen	Lavendel, Kamille, Rosmarin, Thymian, Salbei
Haarausfall	Rosmarin, Lavendel, Zitrone, Salbei, Pfefferminze, Thymian, Ylang Ylang

Dieses Shampoo reinigt Ihr Haar auf ganz natürliche und sanfte Weise, komplett ohne schädliche Chemikalien. Lassen Sie sich nicht davon beirren, dass es weniger schäumt als konventionelle Produkte. Das Shampoo macht Haare und Kopfhaut trotzdem blitzsauber, ohne sie dabei auszutrocknen oder zu reizen. Kalkulieren Sie dennoch ein paar Wochen Zeit ein, bis sich die Haare an das neue Produkt gewöhnt haben.

THE GLOW SHAMPOO
milde Reinigung für jeden Haartyp

Zutaten für ca. 250 ml:

150 ml Castile Soap

100 ml Blütenwasser (→ Tipp)

½ TL Macadamia-, Jojoba- oder Arganöl

ÄTHERISCHE ÖLE, OPTIONAL:

10 Tropfen, z. B. Rosmarin, Orange Süß oder Pfefferminze

Zubereitung:

Alle Zutaten vorsichtig (sonst schäumt es) in einem Glas verrühren und in einen Pumpspender abfüllen.

Anwendung & Haltbarkeit:

- Haare ausgiebig mit warmem Wasser abspülen.
- Das Shampoo kurz auf der Kopfhaut einmassieren und nicht auf die Längen auftragen, um diese nicht unnötig auszutrocknen. Dann mit viel warmem Wasser ausspülen. Dabei werden die Längen automatisch mit Shampoo abgewaschen.
- Zum Schluss die Längen gesondert mit sehr kaltem Wasser abspülen und – falls gewünscht – den Conditioner (→ Seite 92) anwenden.
- Das Shampoo können Sie mindestens drei Monate lang verwenden. Bitte achten Sie darauf, dass kein Leitungswasser hineinkommt; es enthält Keime, die die Haltbarkeit drastisch verringern. Füllen Sie das Shampoo am besten in einen Pumpspender.

TIPP
FÜR JEDEN HAARTYP

Ob Macadamia-, Jojoba- oder Arganöl – sie alle sind für ihre haarpflegenden Eigenschaften bekannt. Macadamia- und Jojobaöl sind in ihrer Zusammensetzung dem menschlichen Talg sehr ähnlich. Sie haben die Fähigkeit, Feuchtigkeit zu binden, das heißt, sie können raues, geschädigtes Haar glätten und wieder geschmeidig machen, ohne dabei schwer aufzuliegen. Arganöl wird in Marokko seit jeher für die Haarpflege angewendet (→ Seite 97): Es soll die Haarwurzeln stärken, Haarausfall vorbeugen und mit seinen antioxidativen Eigenschaften die Kopfhaut schützen.

Um das Shampoo auf Ihren Haartyp abzustimmen, kommt es auf das entsprechende Blütenwasser an:

- Bei trockenen Haaren sind insbesondere Rosen- oder Lavendelwasser zu empfehlen.
- Die Hydrolate von Pfefferminze, Thymian oder Hamamelis sind hingegen ideal für rasch nachfettendes Haar und geben diesem einen frischen Duft.

COCONUT & ALOE

Conditioner

Dieser Conditioner ist eine flüssige Spülung statt – wie sonst üblich – eine Creme. Ich bevorzuge diese Konsistenz, da sie die Haare nicht beschwert. Kokoswasser und Aloe vera spenden Feuchtigkeit, während der Apfelessig das Haar gut kämmbar macht und es glänzen lässt! Zugegeben – die Vorstellung, Essig im Haar zu verteilen, klingt im ersten Moment nicht besonders verlockend. Doch der Geruch verfliegt schon beim Trocknen, und wenn Sie das Ergebnis sehen, werden sich Ihre Bedenken ganz schnell legen.

Zutaten für ca. 2–3 Anwendungen:

250 ml Kokoswasser (ohne Zuckerzusatz!)

30 ml (2 EL) Aloe-vera-Gel

30 ml (2 EL) Bio-Apfelessig

ÄTHERISCHE ÖLE, OPTIONAL:

5 Tropfen Orange Süß oder

3 Tropfen Rosmarin oder

3 Tropfen Lavendel

Zubereitung:

1. Alle Zutaten in einem Glas gut vermischen.
2. Bei eher fettigen Haaren kann etwas mehr Apfelessig ins Wasser gegeben werden (circa 3 EL).

Anwendung & Haltbarkeit:

◆ Nach dem Waschen (→ Shampoo, Seite 90) den Conditioner gut in die noch nassen Haare und die Kopfhaut einmassieren.

◆ Dann die Haare in ein Handtuch wickeln und die Spülung 10–15 Minuten einwirken lassen.

◆ Anschließend die Haare mit klarem Wasser auswaschen und idealerweise lufttrocknen lassen.

◆ Der Conditioner zeigt auch dann Wirkung, wenn Sie ihn direkt nach dem Auftragen wieder ausspülen.

◆ Im Kühlschrank ist der Coconut & Aloe Conditioner circa eine Woche lang haltbar.

 WISSEN
ESSIG IM HAAR?

Apfelessig hilft nicht nur, die Haare von überschüssigem Talg zu befreien, er repariert auch deren Schuppenschicht und sorgt so dafür, dass das Haar Feuchtigkeit besser speichern kann, leichter kämmbar wird und schön glänzt. Zudem bekämpft er die Bakterien und Pilze, die Schuppen verursachen und zu einer juckenden, trockenen Kopfhaut führen. Seine entzündungshemmenden Eigenschaften tragen hierbei noch zusätzlich zu einer Verbesserung bei.

Damit der Apfelessig all diese positiven Effekte entfalten kann, sollten Sie beim Kauf auf naturtrübe Bioware achten. Nur dann sind die wichtigen Enzyme und Nährstoffe enthalten, die das Haar pflegen.

Diese Kombination von reichhaltigen, nährenden Ölen pflegt trockenes und geschädigtes Haar wieder seidig glänzend und beruhigt gereizte oder trockene Kopfhaut. Kokosöl ist leicht, zieht gut ins Haar und in die Kopfhaut ein und hat bei Schuppen eine antibakterielle Wirkung. Olivenöl legt sich eher pflegend um den Haarschaft und schließt Feuchtigkeit ein. Wärme öffnet die Schuppenschicht des Haars, lässt das Öl besser einziehen und verstärkt somit die Wirkung des Treatments.

HOT OIL TREATMENT
intensive Pflege für geschädigtes Haar und trockene Kopfhaut

Zutaten für eine Anwendung:

2 EL Kokosöl

2 EL Olivenöl

Zubereitung:

1. Beide Öle in einen kleinen Topf geben.
2. Dann bei geringer Wärmezufuhr kurz erwärmen und miteinander verrühren. Achten Sie dabei jedoch darauf, die Öle nicht zum Kochen zu bringen. Die Mischung sollte auf keinen Fall rauchen oder blubbern!

Anwendung & Haltbarkeit:

◆ Die noch warme Mischung sofort auf das trockene Haar auftragen. Verteilen Sie die wertvollen Öle insbesondere in die Längen und Spitzen. Bei sehr trockener Haut oder bei Schuppen auch auf der Kopfhaut einmassieren.

◆ Mindestens eine Stunde einwirken lassen. Je länger das Öl einziehen kann, desto besser.

◆ Nach der Einwirkzeit mit warmem Wasser und Shampoo (→ Seite 90) auswaschen, zuletzt mit dem Conditioner (→ Seite 93) nachspülen.

◆ Keine Sorge, wenn sich das Haar nach dem Shampoonieren noch ein bisschen ölig anfühlt. Beim Trocknen der Haare zieht das Öl weiter ein.

TIPP
WARM BLEIBEN

Setzen Sie sich nach der Anwendung in die Sonne, oder gehen Sie sogar mit der Ölmaske ins Dampfbad bzw. in die Sauna. Sie können das Haar auch mit Frischhaltefolie umwickeln und dann ein Handtuch darumschlagen, damit sich die Wärme länger hält!

Dieses rein pflanzliche Haarserum pflegt kaputte Spitzen und zähmt widerspenstige Strähnen! Rosenwasser, Aloe vera und Glyzerin sind hervorragende Feuchtigkeitsspender für trockenes Haar, während das vitaminreiche marokkanische Arganöl rückfettend wirkt und sich pflegend um die Spitzen schließt. So wird die Feuchtigkeit im Haar eingeschlossen, und die Spitzen bleiben bis zur nächsten Wäsche versiegelt.

HAIR SERUM
Feuchtigkeit und Pflege für geschädigte Spitzen

Zutaten für ca. 50 ml:

2 EL Rosenwasser

2 TL Arganöl

1 TL Aloe-vera-Gel

½ TL Glyzerin

Zubereitung:

Alle Zutaten in einer Schüssel miteinander vermischen und über einen kleinen Trichter in eine Flasche füllen. Ideal ist eine Flasche mit Pipettenaufsatz, damit lässt sich das Produkt leichter dosieren.

Anwendung & Haltbarkeit:

◆ Vor jeder Anwendung kräftig schütteln, damit sich die Zutaten auch gut miteinander verbinden.

◆ Zwei oder drei Tropfen des Serums auf den Fingern verreiben und dann bei trockenem Haar in den Längen und Spitzen verteilen.

 WISSEN
ARGANÖL

Arganöl wird aus den Früchten des Arganbaumes (»Eisenholzbaum«) gewonnen, der nur im Südwesten Marokkos wächst und gedeiht. Die heilende Wirkung des Öls nutzen die Berber schon seit Jahrhunderten zur Behandlung von Wunden und Entzündungen, aber auch zur Pflege von Haut und Haar. Sie beruht unter anderem auf folgenden speziellen Inhaltsstoffen:

Tocopherole: Arganöl weist von allen Ölen den höchsten Anteil an Vitamin E und dessen Varianten auf, die antioxidativ und damit zellschützend wirken.

Phytosterine: Vor allem das Phytosterin Spinasterol fördert das Zellwachstum und die Zellerneuerung.

Polyphenole: Sie sind gleichfalls wirkungsvolle Antioxidantien, dazu entzündungshemmend und immunstimulierend. Nicht zuletzt können sie auch den Hormonhaushalt günstig beeinflussen.

Arganöl ist wie kaum ein anderes Basisöl in der Lage, strapaziertes, brüchiges Haar zu pflegen und ihm Glanz und Elastizität zurückzugeben. Außerdem fördert es den natürlichen Haarwuchs und verleiht dem Haar deutlich mehr Fülle. In Kombination mit Thymianöl soll es zudem Haarausfall effektiv vorbeugen.

Wenn die Zeit morgens nicht mehr für eine Haarwäsche reicht, ist Trockenshampoo der Retter in der Not! Konventionelle Varianten zum Aufsprühen stecken voller Chemie. Hier schafft dieses supereinfache, natürliche Rezept Abhilfe. Mit nur zwei Zutaten und ein paar ätherischen Ölen wirken die Haare sofort wieder frisch und griffiger. Der Bonuseffekt: Wenn man die Haare nicht mehr täglich waschen muss, trocknen die Längen nicht so schnell aus.

DRY SHAMPOO
schnelle Rettung bei Bad Hair Days

Zutaten für ca. 10 Anwendungen:

FÜR BLONDES ODER GRAUES HAAR:

4 EL weiße Tonerde (Kaolin)

FÜR BRÜNETTES HAAR:

2 EL weiße Tonerde

2 EL Kakaopulver

ÄTHERISCHE ÖLE, OPTIONAL:

nach Belieben, ich verwende gerne 4 Tropfen Minze und 3 Tropfen Bergamotte

Zubereitung:

1. Tonerde (und gegebenenfalls Kakaopulver) in eine kleine Schüssel geben und mit einem kleinen Schneebesen gründlich vermischen.
2. Ätherische Öle vorsichtig und unter ständigem Rühren einträufeln, sonst gibt's Klümpchen.
3. Das Dry Shampoo in einen Salzstreuer mit sehr feinen Löchern füllen und trocken aufbewahren.

Anwendung & Haltbarkeit:

- Nur im trockenen Haar verwenden!
- Eine kleine Menge des Dry Shampoos auf den Haaransatz streuen, mit den Fingerspitzen einarbei-

ten und dann ausbürsten. Das Pulver saugt überschüssigen Talg auf und lässt die Haare so bis zur nächsten Wäsche sauber wirken.
- Das Dry Shampoo ist mindestens ein Jahr haltbar.

TIPP
AUF DIE SCHNELLE

Bewahren Sie das Dry Shampoo in einem Tiegel auf, und verwenden Sie einen großen Make-up-Pinsel zum Auftragen, so sparen Sie sich das Ausbürsten.

In Phase 4 geht es vor allem darum, dass Sie sich und Ihre Haut verwöhnen. Und gibt es nach einem langen Tag etwas Entspannenderes als ein heißes Bad? Dieser Badetee mit entzündungshemmender Kamille und beruhigendem Lavendelöl ist eine Wohltat für die Haut und die Sinne. Die Saponine im Hafer entwickeln einen sanften Schaum, reinigen die Haut und spenden Feuchtigkeit. Natron und Meersalz machen die Haut weich. Der Badetee ist sogar für sensible Haut und für Babys geeignet.

BADETEE
pflegt trockene und sensible Haut beim Baden

Zutaten für eine Anwendung:

5 EL (circa 40 g) Haferkleie

2 EL Meersalz

2 EL getrocknete Kamille (oder der Inhalt von 2 Kamillenteebeuteln)

1 EL Natron

1 EL gutes Basisöl, z. B. Kokos-, Mandel- oder Olivenöl (wird erst in der Wanne hinzugegeben)

ÄTHERISCHE ÖLE:

5 Tropfen Lavendel

OPTIONAL:

getrocknete Rosen-, Lavendel- oder Calendulablüten

Zubereitung:

1. Alle trockenen Zutaten in einer Schüssel mischen.
2. Das ätherische Öl auf einen Löffel träufeln, dann auf die trockenen Zutaten geben und gut umrühren, bis das Öl gut eingezogen ist.
3. Badetee in einen kleinen Stoffbeutel oder ein Stück Mullbinde umfüllen. Mit einem Knoten verschließen.

Anwendung & Haltbarkeit:

◆ Badetee ins Wasser geben, während die Wanne einläuft. Nun noch 1 EL Basisöl hinzufügen. Den Beutel wie einen Waschlappen benutzen und die Haut damit abreiben.

TIPP
AUF VORRAT

Wenn Sie gleich eine größere Menge herstellen möchten, können Sie den Badetee in einem Weckglas aufbewahren. Das Produkt ist circa ein Jahr lang haltbar, sollte aber unbedingt trocken gehalten werden, damit der Hafer nicht feucht wird. Deshalb das Weckglas immer gut verschließen und idealerweise nicht direkt neben der Badewanne aufbewahren, da hier allzu leicht Wasserdampf in das Glas eindringen kann.

Diese sahnige Body Butter pflegt trockene und raue Haut seidenzart, und das mit nur zwei komplett natürlichen Zutaten! Sheabutter regeneriert, spendet Feuchtigkeit und schmilzt auf der Haut. Von den Basisölen haben vor allem Mandel-, Aprikosenkern-, Macadamia-, Kokos- oder Jojobaöl sehr gute Pflegeeigenschaften. Perfekt für den ganzen Körper, als Handcreme, für die Babypflege oder bei trockener Haut sogar fürs Gesicht.

SHEA WHIPPED BUTTER
reichhaltige Pflege für den ganzen Körper

Zutaten für ca. 200 ml:

120 g Sheabutter

70 ml Bio-Basisöl, z. B. Mandel-, Aprikosenkern-, Macadamia-, Kokos- oder Jojobaöl

Zubereitung:

1. Werfen Sie zunächst einen Blick auf die Sheabutter: Sollte sie im festen Zustand kleine grießartige Klümpchen aufweisen, dann zunächst im Wasserbad komplett schmelzen, damit sich diese auflösen. Anschließend für etwa 20 Minuten ins Gefrierfach stellen, bevor Sie die Sheabutter weiterverarbeiten.
2. Ansonsten die zimmerwarme Sheabutter in eine Schüssel geben und mit dem Handrührgerät aufschlagen, bis sie weich und cremig wird.
3. Nach und nach das Öl hinzugeben und weiterrühren, bis die Mischung aussieht wie feste Schlagsahne.
4. Die Body Butter in einen ausgekochten oder mit Weingeist sterilisierten Tiegel umfüllen.

Anwendung & Haltbarkeit:

◆ Die Shea Whipped Body Butter nach der Dusche oder einem Bad auf die noch feuchte Haut auftragen und gut einmassieren. Es genügt eine sehr kleine Menge, da die Butter nicht schnell einzieht.

◆ Das Produkt ist mindestens drei Monate haltbar.
◆ Bitte immer mit trockenen und sauberen Fingern in den Tiegel fassen. Feuchtigkeit würde die Haltbarkeit der Body Butter verringern.

INDIVIDUELLER DUFT

Sie können der Body Butter mit ätherischen Ölen Ihren ganz persönlichen Duft verleihen. Entweder Sie nehmen die gleichen Öle wie beim Duschgel und kreieren so eine stimmige Pflegelinie oder Sie experimentieren einfach mit Düften Ihrer Wahl. Hier ein paar traumhafte Kombinationen als Anregung:
◆ Rose, Weihrauch, Pfeffer und Zeder verleihen der Body Butter eine weiblich warme und sinnliche Note.
◆ Bergamotte, Ylang Ylang, Patchouli und Lavendel sorgen für einen exotischen und individuellen Duft.
◆ Frisch, süß und aufheiternd wirkt das Produkt mit einer Mischung aus Mandarine Rot und Minze.
◆ Grapefruit und Zeder verleihen der Body Butter dagegen einen frischen, herben und holzigen Touch.

Wussten Sie, dass Sie in wenigen Minuten ein komplett natürliches Parfum ganz ohne künstliche Duftstoffe herstellen können? Die Basis ist ein Balm, das die Duftstoffe länger auf der Haut hält als ein flüchtiges Parfum auf Alkoholbasis und sie obendrein noch pflegt. Der warme Duft von Sandelholz und Pfeffer ergänzt sich perfekt mit der floralen Note der Rose und der frischen Bergamotte. Das Balm ist übrigens auch die perfekte Geschenkidee!

PARFUM BALM
warm, sinnlich und entspannend

Zutaten für ca. 15 g:

10 ml (2 TL) Jojobaöl

4 g Bienenwachs, als vegane Alternative Carnauba- oder Candelillawachs

ÄTHERISCHE ÖLE:

15 Tropfen Sandelholz

12 Tropfen Bergamotte

8 Tropfen Rose

6 Tropfen Pfeffer

Zubereitung:

1. Bienenwachs mit Jojobaöl in einem kleinen Topf bei geringer Wärmezufuhr schmelzen. Wenn sich beide Zutaten komplett aufgelöst haben, die Mischung wieder auf Handwärme abkühlen lassen.
2. Bevor das Balm fest wird, die ätherischen Öle einzeln auf einen Löffel träufeln und hinzufügen.
3. Alle Zutaten gut miteinander vermischen. Zuletzt das Balm in einen kleinen Tiegel umfüllen.

Anwendung & Haltbarkeit:

• Balm unter den Ohrläppchen, am Dekolleté und an den Innenflächen der Handgelenke auftragen.

• Das Parfum ist mindestens sechs Monate haltbar.

WISSEN
SYNTHETISCHE DÜFTE

Konventionelle Parfums bestehen hauptsächlich aus Alkohol und Phtalaten, also Duftstoffen, die künstlich im Labor erzeugt werden. Diese haben zwar den Vorteil, dass sie nicht so schnell verfliegen und sich nicht verändern, können aber gesundheitliche Probleme bereiten. Phtalate gelangen nicht nur über die Haut in den Blutkreislauf, Sie atmen sie auch ein.

An hektischen Tagen oder auf Reisen ist diese kleine Wunderwaffe ein echter Segen. Ich habe das Roll On immer in meiner Tasche parat und trage es regelmäßig auf, wenn ich mich gestresst fühle. Das kühlende Pfefferminzöl verschafft einen klaren Kopf, lindert die Anspannung und hilft sogar gegen Kopfschmerzen, Orangenduft hebt die Stimmung und Lavendel lässt einen zur Ruhe kommen. Einfach auf den Puls und die Schläfen auftragen und tief durchatmen.

AROMA ROLL ON
Aromatherapie to go

Zutaten für ca. 10 ml:

10 ml (2 TL) Jojobaöl

FÜR EINEN KLAREN KOPF:

10 Tropfen Pfefferminzöl

AUSGLEICHEND, STIMMUNGSAUFHELLEND:

10 Tropfen Orange Süß

BERUHIGEND, SCHLAFFÖRDERND:

10 Tropfen Lavendel

Zubereitung:

1. Roll-On-Aufsatz von der Flasche nehmen.
2. Beide Zutaten über einen kleinen Trichter in die Flasche füllen, verschließen und gut durchschütteln.

Anwendung & Haltbarkeit:

◆ Bei Bedarf an den Schläfen und auf den Innenflächen der Handgelenke auftragen.
◆ Das Produkt ist mindestens sechs Monate haltbar.

TIPP
ZUR MEDITATION

Das Roll On unterstützt die Achtsamkeitsmeditation (→ Seite 19)! Über der Oberlippe aufgetragen, spüren Sie einen kühlenden Effekt beim Ein- und Ausatmen durch die Nase. Das hilft Ihnen, sich auf genau diesen Punkt zu konzentrieren, die Gedanken schweifen nicht so leicht ab und Sie entspannen schneller.

Volle Augenbrauen lassen das Gesicht jugendlicher erscheinen und geben ihm mehr Kontur. Wenn Ihre Augenbrauen durch zu häufiges Zupfen spärlich geworden sind, dann nur nicht verzweifeln! Hier kommt die Geheimwaffe: Rizinusöl ist reich an Vitamin E and essenziellen Fettsäuren und stimuliert auf ganz natürliche Weise das Haarwachstum. Aufgrund seiner überaus zähflüssigen Konsistenz sollte man es allerdings nur vermischt mit anderen Ölen auftragen.

SERUM
für Augenbrauen & Wimpern

Zutaten für ca. 30 ml:

20 ml (4 TL) Olivenöl

10 ml (2 TL) Rizinusöl

ÄTHERISCHE ÖLE, OPTIONAL:

2 Tropfen Rosmarin (nur, wenn Sie das Serum ausschließlich für die Brauen verwenden wollen; sonst lassen Sie das ätherische Öl bitte weg)

Zubereitung:

1. Olivenöl und Rizinusöl über einen kleinen Trichter in eine Flasche abfüllen.
2. Das Rosmarinöl auf einen kleinen Löffel geben und ebenfalls über den Trichter in die Flasche füllen.
3. Die Flasche mehrmals in den Händen hin- und herrollen, damit sich die Öle gut mischen.

Anwendung & Haltbarkeit:

• Ein Wattestäbchen in das Serum tunken und dieses damit auf die Augenbrauen und die darunterliegende Haut auftragen. Optional auch am Wimpernrand auftragen, aber nicht ins Auge bringen.
• Über Nacht einziehen lassen; am nächsten Morgen mit viel warmem Wasser gründlich auswaschen.
• Das Produkt ist sechs Monate haltbar.

 **WISSEN**
RIZINUSÖL

Rizinusöl ist der Geheimtipp für verführerisch lange und dichte Wimpern. Das Öl aus den Samen des Wunderbaumes ist reich an Ricinolsäure, einer Fettsäure, die von alters her für ihre abführende Wirkung bekannt ist. Weitaus weniger geläufig ist den meisten jedoch die Tatsache, dass diese auch für Haare, Wimpern und Haut wahre Wunder wirken kann:
• **Haare:** Als Zusatz in Haarpflegeprodukten macht das Öl die Haare weich, geschmeidig und glänzend. Es versorgt die Haare mit Feuchtigkeit und gilt allgemein als wachstumsfördernd. Allerdings sollte man Rizinusöl nicht direkt auf der Kopfhaut auftragen, da es sehr zähflüssig ist und sich nicht gut auswäscht.
• **Wimpern:** Durch die pflegenden Eigenschaften des Öls brechen die Wimpern nicht so leicht ab und werden länger. Zudem wird das Wimpernwachstum angeregt, weshalb sie voller und dichter nachwachsen.
• **Haut:** Rizinusöl dringt tief in die Haut ein und regt die Kollagenproduktion an. Das strafft die Haut und vermindert kleine Fältchen. Da das Öl auf ihrer Oberfläche einen zarten, seidigen Glanz hinterlässt, wird es gerne in der Lippenpflege verwendet.

Gesund ernährt

Skin-Food

So lecker kann Skin-Food sein! Die nachfolgen-
den Rezepte sind komplett ohne Zucker, gesättigte
Fettsäuren, Milchprodukte und Gluten konzipiert und
daher für jede Phase des 28-Tage-Programms geeignet.
Und bei Matcha Tee oder einer Glow Hot Chocolate
kommt auch ohne Kaffee keine Müdigkeit auf!

GLOW-BOOSTER

Wie Sie Ihre Haut von innen zum Strahlen bringen

Wahre Schönheit kommt von innen – was den Glow angeht, könnte diese Aussage nicht zutreffender sein. Die Haut braucht eine Vielzahl an Nährstoffen, um gesund zu bleiben und zu strahlen. Vitamine und Antioxidantien, essenzielle Fettsäuren, Aminosäuren, Mineralstoffe – all das sollten wir ihr in ausreichenden Mengen zuführen.

Neben vielen anderen lebenswichtigen Funktionen stellt unsere Haut vor allem eine effektive Schutzschicht gegenüber schädigenden Einflüssen von außen dar. Wichtige Voraussetzung hierfür ist jedoch, dass ihre Oberfläche größtenteils intakt ist. Darum sind die Zellen der Haut auch überaus teilungsfähig: Fortlaufend werden neue Zellen in den tieferen Hautschichten gebildet, um alte abgestorbene an der Oberfläche zu ersetzen. Kein Wunder also, dass eine ausreichende Versorgung mit Nährstoffen für ein gesundes Erscheinungsbild der Haut unbedingt erforderlich ist. Hier ein kurzer Überblick über die wichtigsten Nährstoffe, ihre Funktion und in welchen Lebensmitteln sie vorkommen (ausführliche Tabelle unter www.gu.de/the-glow-code).

AMINOSÄUREN

Aminosäuren sind die Bausteine von Proteinen und als solche am Aufbau von Zellen, Enzymen, Hormonen und Antikörpern beteiligt. Ohne Proteine wäre Wachstum und die Regeneration von Gewebe nicht möglich. Die Haut als besonders teilungsfähiges Organ ist auf sie also dringend angewiesen. Erste Anzeichen eines generellen Proteinmangels zeigen sich übrigens in einem verringerten Wachstum von Haaren und Nägeln.

◆ **L-Cystein** ist eine essenzielle Aminosäure, die der Körper nicht selbst herstellen kann, sondern über die Nahrung aufnehmen muss. Sie sorgt vor allem für eine straffe Haut, starke Nägel und feste Haare. Besonders hohe Gehalte finden sich in Huhn, Pute, Lachs, Sojabohnen, Brokkoli.

FETTSÄUREN

Wichtig für die Haut sind insbesondere die ungesättigten Omega-3-Fettsäuren. Diese unterstützen die Regeneration der Haut, steigern ihr Vermögen, Feuchtigkeit zu binden, und stärken die Hautbarriere. Da Omega-3-Fettsäuren generell entzündungshemmend wirken, haben sie auch bei Akne, Ekzemen und anderen entzündlichen Hautzuständen positive Effekte.

◆ Wertvoll sind die Eicosapentaensäure (**EPA**) und die Docosahexaensäure (**DHA**). Beide kann der Körper in beschränktem Maße aus **Linolsäure** und **alpha-Linolensäure** herstellen, die wiederum in Pflanzenölen (Mais, Sonnenblume,

Sesam), Leinsamen und Nüssen enthalten sind. Da der Körper daraus jedoch nicht genug Omega-3-Fettsäuren bildet, können Sie mit fettreichen Seefischen oder Lein-, Raps- und Walnussöl für eine Extraportion EPA und DHA sorgen.

VITAMINE UND MINERALSTOFFE

Bestimmte Vitamine und Mineralstoffe haben eine antioxidative Wirkung. Damit sind sie in der Lage, sogenannte freie Radikale (→ Seite 136) zu neutralisieren und Zellschädigungen zu verhindern. Doch das ist nicht der einzige Grund, warum sie speziell für unsere Haut wichtig sind!

◆ **Vitamin A** (Retinol) fördert die Regeneration der Haut, baut Kollagenfasern auf und besitzt darüber hinaus eine antioxidative Wirkung. Retinol kommt nur in tierischen Produkten vor (Leber, Fisch), seine Vorstufe, das Betacarotin, in allen orangefarbenen Obst- und Gemüsesorten (Karotten, Süßkartoffeln, Aprikosen, Papayas).

◆ **B-Vitamine** kurbeln die Kollagensynthese an, nehmen Einfluss auf die Pigmentbildung und regulieren den Feuchtigkeitshaushalt wie auch die Verhornung der obersten Hautschicht. Sie kommen vor allem in Hülsenfrüchten, tierischen Produkten und Fleisch vor.

◆ **Vitamin C** ist ein stark wirksames Antioxidans. Nicht zuletzt ist es auch an der Kollagensynthese beteiligt. Besonders Zitrusfrüchte und Erdbeeren wie auch verschiedene Kohlsorten, Petersilie und Acerola sind reich an Vitamin C.

◆ **Vitamin D** unterstützt die Zellbildung und -teilung und hilft bei Schuppenflechte sowie verschiedenen immunbedingten Hautkrankheiten. Es wird in der Haut unter Einfluss von Sonnenlicht aus seinen Vorstufen produziert. Fix und fertig ist Vitamin D in Fischöl (Lebertran), fettreichen Seefischen und im Eidotter enthalten.

◆ **Vitamin E und Selen** sind starke Antioxidantien. Ersteres kommt vor allem in Pflanzenölen (Weizen, Distel, Sonnenblume), Nüssen und Samen (Pinienkerne, Hirse) vor, Letzteres in Nüssen (Paranuss, Walnuss) und Vollkorngetreide.

◆ **Zink** wirkt antioxidativ und talgregulierend, dazu fördert es die Kollagenproduktion und Regeneration der Haut. Enthalten ist es in Hülsenfrüchten, Nüssen, Samen und Vollkorngetreide.

◆ **Kupfer** stabilisiert das Bindegewebe und ist an der Pigmentbildung beteiligt. Seine Speicherform findet sich vor allem in Leber.

◆ **Silicium (Kieselerde)** stützt gleichfalls das Bindegewebe, zudem verbessert es die Beschaffenheit von Haut, Haaren und Nägeln. Besonders hoch ist der Gehalt in Vollkorngetreide.

◆ **Kalzium** kräftigt Haut, Haare, Nägel. Milchprodukte sind im Programm tabu, darum auf grünes Blattgemüse wie Grünkohl ausweichen.

◆ **Magnesium** hilft gegen entzündliche Hautreaktionen und wirkt antioxidativ. Es kommt vor allem in Vollkorngetreide und Kernen vor.

Vitamine und Mineralstoffe – für den Glow sind sie einfach unverzichtbar!

KONSUMIEREN SIE NATURBELASSENE LEBENS-MITTEL, DIE IHRER URSPRÜNGLICHEN FORM SO ÄHNLICH WIE MÖGLICH SIND.

Jedes frische, naturbelassene Lebensmittel steckt voller Nährstoffe und ist somit Glow-Food! Die verschiedenen Vitamine, Mineralien und Spurenelemente stärken das Immunsystem und steigern die Leistungsbereitschaft.

BASICS

Perfekt für den Glow sind (→ Seite 114–115):

◆ **Avocado:** die größte pflanzliche Proteinquelle, vollgepackt mit Antioxidantien, Mineralstoffen und Vitaminen. Dazu viele ungesättigte Fettsäuren, die dem Körper helfen, Vitamine zu verwerten. Reguliert den Hormon- und Insulinlevel.

◆ **Süßkartoffel:** reich an Vitamin A, essenziell für die Kollagenproduktion.

◆ **Hafer und Quinoa:** glutenfrei und perfekt für Porridge oder als Beilage.

◆ **Buchweizenmehl:** Es enthält weder Gluten noch Lektine, die die Darmflora irritieren und zu chronischer Entzündung führen können. Zudem hilft Buchweizen der Leber beim Entgiften.

◆ **Kokosöl:** perfekt zum Kochen und Backen! Im Gegensatz zu anderen Ölen entwickelt es keine Giftstoffe, wenn es hoch erhitzt wird.

◆ **Nüsse, Kerne, Samen:** enthalten gute Fettsäuren und viel Zink. Pur als Snack, als Topping für Salate, Smoothies und vieles mehr. Besonders gut für die Haut: Walnüsse und Leinsamen.

◆ **Ingwer, Kurkuma und Zimt:** Sie schützen den Körper vor Entzündungen, fördern die Durchblutung und stärken das Immunsystem.

◆ **Nussmus:** schmeckt köstlich, sättigt und enthält eine ideale Kombination aus Kalzium, Zink und Vitamin E. Die enthaltene Panthothensäure (Vitamin B_5) sorgt für glatte Haut. Beim Kauf darauf achten, dass es ausschließlich aus Nüssen besteht, ohne Zugabe von Zucker, Salz, Öl etc.

◆ **Nussmilch:** eine leckere Alternative zu Kuhmilch. Auch hier beim Kauf darauf achten, dass keine Zusätze enthalten sind! Falls mal keine Nussmilch zur Hand ist, improvisieren Sie mit 1 EL Nussmus in 1 Glas Wasser aufgelöst.

◆ **Matchapulver:** Der fein pulverisierte japanische Grüntee ist der Superstar unter den Teesorten. Er enthält besonders viele Aminosäuren und Antioxidantien, dazu die Vitamine A, B_1, B_2, B_3 (Niacin), E und K sowie eine beträchtliche Menge an Eisen und Kalzium. Matchapulver unbedingt kühl, lichtgeschützt und trocken lagern.

◆ **Kakaopulver/Kakaonibs:** extrem hohe Gehalte an Antioxidantien, viel Magnesium, Eisen, ungesättigte Fettsäuren und Flavonoiden! Erhöhen den Serotoninlevel, machen also nachweislich genauso glücklich wie Schokolade. Beim Kauf auf Bio-Qualität achten, da beim konventionellen Kakaoanbau extrem viel gespritzt wird!

• **Zitrone:** Verwenden Sie Zitronensaft morgens im Lemon Water, als Dressing mit Olivenöl und Salz, als Spritzer zu Fisch oder Avocado und natürlich als Zusatz in Masken. Zitrone ist reich an Vitamin C, das die Haut vor freien Radikalen schützt und die Kollagenproduktion ankurbelt.

• **Apfelessig:** Er stärkt das Immunsystem und gleicht den pH-Wert im Körper aus. Durch die Säure des Essigs ziehen sich die Hautporen zusammen, wodurch eine überschüssige Talgproduktion korrigiert wird. Apfelessig wirkt durchblutungsfördernd und strafft die Haut.

• **Meersalz:** Im Gegensatz zu Speisesalz enthält es wichtige Mineralstoffe und Spurenelemente. Verwenden Sie vor allem grobes Meersalz oder Meersalzflocken, da diese einen niedrigeren Natriumchloridgehalt als feines Salz haben.

CLEAN EATING: DIE 5 GEBOTE

Appetit bekommen? Bevor Sie gleich die ersten Rezepte ausprobieren, hier noch einmal die wichtigsten Regeln für eine bewusste Ernährung:

• **Naturbelassen:** Konsumieren Sie naturbelassene Lebensmittel, die ihrer ursprünglichen Form so ähnlich wie möglich sind; idealerweise sollten Sie noch erkennen, aus welchem Rohstoff das jeweilige Produkt gemacht wurde. Dünsten Sie sich zum Beispiel lieber ein Stück frischen Fisch, anstatt Fischstäbchen zu braten. Und gönnen Sie sich besser ab und an ein Stück Bio-Rind aus Weidelandhaltung, als jedes Wochenende Wurst zu kaufen, deren Inhaltsstoffe Sie nicht kennen.

• **Nährstoffreich:** Bereiten Sie Ihr Essen schonend zu, um Vitamine und Nährstoffe weitestgehend zu erhalten. Lieber dünsten oder dämpfen, als in Fett frittieren.

Naturbelassen, regional, saisonal und aus kontrolliert biologischem Anbau.

• **Alles bio:** Kaufen Sie Waren aus kontrolliert biologischer Landwirtschaft, das gilt vor allem für tierische Produkte wie auch für Obst und Gemüse, von dem die Schale mit verzehrt wird. Bio ist meist etwas teurer, aber betrachten Sie es als Investition in Ihre Gesundheit. Schließlich sparen Sie an anderer Stelle viel Geld – durch Ihre selbst angerührte Hautpflege!

• **Regional, saisonal:** Bevorzugen Sie frisches Obst und Gemüse, das gerade Saison hat. Das enthält viel mehr Nährstoffe als Früchte, die unreif geerntet und dann um den halben Erdball geflogen wurden – also keine Erdbeeren im Dezember. Tiefkühlkost ist absolut in Ordnung, da die meisten Nährstoffe hier erhalten bleiben.

• **Langsam und bewusst:** Betrachten Sie jede Ihrer Mahlzeiten als kleine Achtsamkeitsübung. Im Klartext bedeutet das: Nicht im Stehen oder gar im Gehen essen und mehrere Dinge nebenbei tun, sondern sich ganz auf das Essen konzentrieren und vor allem gut kauen. Das hilft dem Darm, Nährstoffe besser aufzunehmen. Außerdem hat es den Vorteil, dass das Essen besser schmeckt und man rechtzeitig merkt, wann man satt ist – mehr Genuss, und doch nehmen Sie dabei fast automatisch ein paar Kilos ab.

ZITRONE

Sie schmeckt zwar sauer, wirkt im Körper allerdings basisch und kurbelt die Kollagenproduktion an.

BUCHWEIZEN

Buchweizen und Quinoa enthalten kein Gluten, sind aber extrem reich an Proteinen, Vitaminen und Mineralstoffen.

MEERSALZ

Neben Natriumchlorid (95 %) und etwas Jod enthält Meersalz auch weitere Mineralien und Spurenelemente.

AHORNSIRUP

Ahorn-, aber auch Dattelsirup haben einen niedrigeren glykämischen Index als raffinierter weißer Zucker.

NUSSMILCH

Die pflanzliche Alternative zu Kuhmilch, von Natur aus laktosefrei. Wählen Sie zuckerfreie Produkte!

AVOCADOS

Die größte pflanzliche Proteinquelle steckt zusätzlich voller Antioxidantien und Vitamine.

APFELESSIG

Apfelessig stärkt das Immunsystem, wirkt durchblutungsfördernd und strafft so die Haut.

BATATE

Süßkartoffeln sind reich an Beta-carotin, das essenziell für die Kollagenproduktion ist.

NÜSSE, SAMEN

Sie enthalten viele ungesättigte Omega-3-Fettsäuren und reichlich Zink, wirken somit entzündungshemmend.

MATCHA

Der pulverisierte grüne Tee ist reich an Vitaminen und Antioxidantien.

KAKAO

Als Pulver oder in Form von Kakao-nibs ein wahres Superfood – und schmeckt dazu herrlich schokoladig.

ΟKOSÖL

ekt zum Kochen und Braten,
s selbst bei hohen Temperaturen
e Giftstoffe entwickelt!

GEWÜRZE

Zimt, Ingwer und Kurkuma stär-ken das Immunsystem und kurbeln zudem die Durchblutung an.

Dieses getreidefreie Granola ist superlecker und schnell zubereitet. Die Mischung aus Nüssen und Samen liefert eine Extraladung entzündungshemmender Omega-3-Fettsäuren, die knusprigen Kakaonibs stecken voller Antioxidantien! Durch die geringe Rösttemperatur bleiben die Nährstoffe intakt, das macht das Granola besonders gesund. Am besten schmeckt es mir mit frischen Früchten, Haselnussmilch oder mit einem selbst gemachten Kokosjoghurt (→ rechte Seite).

BANANE-ZIMT-GRANOLA
zucker- und glutenfreie Alternative zu Müsli

Zubereitung:

1. Backofen auf 130 °C Oberhitze vorheizen.
2. In der Zwischenzeit die Banane pürieren und Datteln wie auch Nüsse grob zerkleinern.
3. Datteln wie auch Nüsse mit einem Messer grob zerkleinern und mit den restlichen Zutaten in einer Schüssel vermischen.
4. Das Backblech mit Backpapier belegen. Mischung darauf ausbreiten und 15 Minuten im Ofen rösten.
5. Anschließend aus dem Ofen nehmen und komplett auskühlen lassen. Zuletzt das Granola auseinanderbrechen und in ein Weckglas füllen.

TIPP
ZWISCHENMAHLZEIT

Schmeckt auch toll als Knabbermischung für zwischendurch, ganz ohne andere Zutaten wie pflanzliche Milch oder Kokosjoghurt!

Zutaten für ca. 4 Portionen:

150 g Nussmischung, z. B. Walnüsse, Mandeln, Haselnüsse, Cashews, Paranüsse

150 g Samen und Kerne, z. B. Kürbiskerne, Sonnenblumenkerne, Sesam und Leinsamen

5 Datteln

1 reife Banane

1 Handvoll Kokosraspeln

1 EL Kakaonibs

1 TL Zimt

Hafer ist sehr nährstoffreich und hält lange satt. Sein hoher Biotingehalt sorgt für schöne Haut und hilft gegen entzündliche Hautreaktionen wie Akne.

In dieser milchfreien Variante auf der Basis von Kokosmilch schmeckt Joghurt besonders erfrischend. Genießen Sie ihn als perfekte Ergänzung zu Granola oder auch pur mit ein paar Früchten.

PORRIDGE
wärmt und nährt

Zutaten für 1 Portion:

1 Tasse Hafer | 1 Tasse Nussmilch | 1 TL Leinsamen (am besten geschrotet) | 1 TL Kokosöl | 1 Prise Zimt | 1 Handvoll gemischte Beeren (außerhalb der Saison auch Tiefkühlkost)

Zubereitung:

1. Alle Zutaten bis auf die Beeren in einem Topf verrühren und bei geringer Hitze zehn Minuten köcheln.
2. Tiefkühl-Beeren nach circa acht Minuten dazugeben, damit sie auftauen. Frische Beeren einfach nur waschen und zuletzt zur Mischung hinzufügen.

JOGHURT
aus Kokosmilch

Zutaten für 2–3 Portionen:

1 Dose Kokosmilch | 2 Kapseln Probiotikum | ½ TL Agar Agar (pflanzliches Geliermittel)

Zubereitung:

1. Kokosmilch in einen Topf geben, Agar Agar einrieseln lassen, aber nicht rühren. Die Kokosmilch erwärmen, bis sich das Agar Agar aufgelöst hat.
2. Die Mischung vom Herd nehmen und auf Handwärme abkühlen lassen. Nun die Kapseln mit Probiotika öffnen und den Inhalt einrühren.
3. Alles in ein sterilisiertes Weckglas füllen. Glasdeckel locker auflegen.
4. Das Licht im Backofen anmachen, so herrscht genau die richtige Temperatur, damit sich die Bakterien gut vermehren können. Den Kokosjoghurt im geschlossenen Ofen 12 bis 24 Stunden ziehen lassen.
5. Den Joghurt gut durchrühren, für circa vier Stunden in den Kühlschrank stellen und fest werden lassen. Gekühlt circa fünf bis sieben Tage haltbar.

Frühstücksmuffel sind mit diesem Smoothie gut bedient: Macapulver wirkt leistungssteigernd und reguliert den Hormonhaushalt, Bienenpollen kurbeln eine träge Verdauung an und helfen, Nährstoffe aus den Lebensmitteln besser aufzunehmen.

Zu einem ausgiebigen Sonntagsfrühstück gehören für mich Pancakes auf jeden Fall dazu! In dieser glutenfreien Variante mit Buchweizenmehl sind sie besonders gesund, mit cremigem Nussmus und etwas Obst außerordentlich lecker!

SUPERFOOD
Smoothie

PANCAKES
mit Buchweizen

Zutaten für 250 ml:

1 Handvoll Babyspinat | ¼ Salatgurke | 1 Birne | 1 Banane | 1 TL Macapulver | ½ TL Bienenpollen | 1 kleines Stück Ingwer

Zubereitung:

Alle Zutaten mit circa 200 ml Wasser in einem Mixer zerkleinern. In ein Glas füllen und direkt trinken.

 TIPP
PORTULAK

Geben Sie dem Smoothie noch eine kleine Handvoll Portulak hinzu! Die saftigen Blätter schmecken erfrischend und leicht säuerlich. Zudem enthält Portulak viel Vitamin A und C sowie Omega-3-Fettsäuren und ist aufgrund seiner blutreinigenden und entzündungshemmenden Wirkung ein wahres Detox-Wunder!

Zutaten für ca. 4 Stück:

125 ml pflanzliche Milch | 75 g Buchweizenmehl | 1 Ei | 1 MSP Backpulver | 1 Prise Meersalz | Kokosöl zum Herausbacken | Nussmus und Obst als Beilage

Zubereitung:

1. Pflanzliche Milch und Ei in einer Schüssel miteinander verquirlen. Mit einem Schneebesen nach und nach Mehl und Backpulver einrühren, sodass keine Klümpchen entstehen. Eine Prise Salz hinzufügen.
2. In einer Pfanne circa ½ TL Kokosöl erhitzen.
3. Eine Schöpfkelle voll Pancake-Teig in die heiße Pfanne geben. Pancake nach zwei Minuten wenden.
4. Den fertigen Pancake nach Belieben mit Nussmus und Obst genießen.

Wer glutenfrei essen möchte, muss nicht auf leckeres Brot verzichten!
Hier ein supergesundes Rezept voller Nährstoffe von Ernährungsberaterin Amrei Korte.
Genießen Sie das Brot am besten mit einem herzhaften Brotaufstrich, wie zum Beispiel mit einer
Scheibe Räucherlachs, einer halben Avocado, etwas Zitrone und Meersalz –
das ergibt eine schnelle und leckere Mahlzeit!

KAROTTENBROT
glutenfrei

35 g Flohsamenschalen

25 g Kürbiskerne

2 TL Meersalz

1 Prise Pfeffer

1 Prise Kreuzkümmel

2 TL Kurkuma oder Garam Masala oder eine Brot-
gewürzmischung

400 ml Wasser

30 g Olivenöl

Zutaten für 1 Laib Brot:

100 g grob geriebene Karotten

100 g Sonnenblumenkerne

30 g Buchweizen (ganz)

90 g Leinsamen

20 g Haferkleie

30 g Sesam

160 g Haferflocken

20 g Chiasamen

Zubereitung:

1. Alle trockenen Zutaten (inkl. Karotten) mischen.

2. In einer separaten Schüssel Wasser mit Öl mischen.

3. Flüssigkeit zur Trockenmischung geben und gut
verrühren. Dann in eine Kasten-Brotbackform füllen,
am besten auf Backpapier. zwei Stunden ruhen lassen.

4. Den Backofen auf 170 °C vorheizen.

5. Im vorgeheizten Ofen 30 Minuten backen.

6. Brot aus der Form auf das Backpapier stürzen und
weitere 35–40 Minuten backen.

Falls nicht das ganze Brot verzehrt wird, kann es auch
scheibenweise eingefroren und dann im Toaster aufge-
taut werden, das schmeckt sehr lecker!

Nach altem ayurvedischen Rezept: Dieses Beauty-Getränk nährt und wärmt von innen – und nicht nur das, es schmeckt auch unerwartet lecker! Das leuchtend gelbe Kurkumapulver steckt voller Antioxidantien. Es hilft somit, Entzündungen zu bekämpfen, zudem unterstützt es die Leber beim Entgiften. Das macht die Goldene Milch zum perfekten Getränk für einen schönen Teint.

GOLDENE MILCH
würzig und exotisch

Zutaten für ca. 250 ml:

250 ml pflanzliche Milch, z. B. Kokos-, Mandel- oder Hafermilch

1 TL Kurkumapulver

1 TL Kokosöl

1 Prise schwarzer Pfeffer

Zubereitung:

Milch erhitzen, Kurkuma, Kokosöl und 1 Prise schwarzen Pfeffer einrühren.

 WISSEN
KURKUMA

Kurkuma ist der Anti-Aging-Superstar unter den Gewürzen. Der Pflanzenstoff Curcumin, der für die orange Farbe des Gewürzes verantwortlich ist, schützt die Zellen, wirkt antimikrobiell und stark entzündungshemmend. Schwarzer Pfeffer verstärkt die Effekte von Kurkuma, daher immer beide Gewürze kombinieren. Da Curcumin fettlöslich ist, sollte man zudem immer etwas gutes Öl hinzufügen, damit der Wirkstoff im Darm auch sicher aufgenommen wird. Nur als Gewürz verwendet, reichen die verzehrten Mengen oft nicht, um die Heilwirkung zu erreichen. Daher empfiehlt es sich, Kurkuma in kleinen Prisen über den Tag verteilt zu sich zu nehmen. Zum Beispiel wie hier als Goldene Milch oder im Rührei, in einem frisch gepressten Saft oder als Gewürz zu Gemüse. Doch Vorsicht: Die blutverdünnende Wirkung von Kurkuma ist beachtlich! Bei Einnahme von Medikamenten unbedingt auf die Wechselwirkungen achten!

Diese heiße Schokolade schmeckt herrlich würzig und ist für mich das perfekte Getränk für einen entspannten Abend zu Hause. Roher Kakao ist ein wahres Beauty-Superfood, in kaum einem anderen Lebensmittel können wir eine so geballte Menge an Nährstoffen finden. Er steckt voller Antioxidantien, ist eiweiß- und ballaststoffreich und enthält die Glücksbotenstoffe Serotonin und Dopamin. Kein Wunder, dass dieses leckere Getränk so gute Laune macht!

GLOW HOT CHOCOLATE
herrlich schokoladig

Zutaten für ca. 250 ml:

250 ml pflanzliche Milch, z. B. Haselnuss-, Hafer- oder Mandelmilch

1 TL Kakaopulver

1 TL Macapulver

1 Prise Zimt

1 Prise Kardamom

Zubereitung:

Milch im Topf erwärmen, und alle anderen Zutaten mit einem kleinen Schneebesen einrühren.

 WISSEN
MACA

Die Macawurzel wächst im Anden-Hochland und wurde von den Inkas bereits vor 2000 Jahren angebaut. Das Pulver kann mit einem hochpotenten Mix an Nährstoffen aufwarten, die sich positiv auf Körper und Geist auswirken. So erhöht Maca z. B. die Fähigkeit des Körpers, sich an Belastungen anzupassen, lindert Stress und Ängste und hilft beim Denken. Außerdem steigert Maca die körperliche Leistungsfähigkeit und die Libido, da sich die darin enthaltenen Fettsäuren positiv auf das Hormonsystem auswirken. Ihr nussiger, malziger Geschmack passt gut zu süßen Gerichten und wärmenden Gewürzen wie Zimt und Kardamom. Doch nehmen Sie nicht mehr als 1 TL täglich zu sich, weil Maca ein kraftvolles Nahrungsergänzungsmittel ist, das Energie spendet und regulierend in den Hormonhaushalt eingreift.

Matchapulver spendet so viel Energie wie ein Espresso, wirkt aber milder. Mit Milch der perfekte Ersatz für einen Latte macchiato. Probieren Sie dazu noch ein paar Superfoodballs (→ Seite 134)!

Wenn Sie mit Hautunreinheiten oder zystischer Akne zu kämpfen haben, trinken Sie täglich ein paar Tassen von diesem Tee. Hilft besser als jede Salbe aus der Apotheke!

MATCHA
Latte

CLEAR SKIN
Tee

Zutaten für ca. 250 ml:

250 ml Cashewmilch (oder nach Belieben jede andere pflanzliche Milch) | ca. ½ TL Matchapulver

Zubereitung:

1. Die pflanzliche Milch in einem kleinen Topf erhitzen und aufschäumen.
2. Matchapulver in eine Tasse geben.
3. Milch vorsichtig zum Matchapulver gießen, und dabei mit einem kleinen Milchschäumer (oder für die Profis: einem Bambusbesen) kurz aufschlagen, bis keine Matchapulver-Klümpchen mehr vorhanden sind.

Zutaten für 250 ml:

½ Handvoll frische Minzblätter | 1 Stück Ingwer (ca. 2 cm lang) | Saft von ¼ Zitrone

Zubereitung:

1. Ingwer in feine Scheiben schneiden, Minzblätter waschen und vom Stängel zupfen.
2. In ein kleines Kännchen geben, mit 250 ml heißem Wasser aufgießen und fünf Minuten ziehen lassen.
3. Zum Schluss den Saft einer Viertel Zitrone hinzugeben und noch heiß trinken.

 TIPP
AUF QUALITÄT ACHTEN

Kaufen Sie Matcha am besten in Bio-Qualität, da konventionelle Produkte mit Pestiziden belastet sind. Nach dem Öffnen kühl, trocken und lichtgeschützt lagern und schnell verbrauchen.

 WISSEN
INGWER

Ingwer kann bei Hautunreinheiten wahre Wunder wirken. Er ist nicht nur antibakteriell und entzündungshemmend, die darin enthaltenen Scharfstoffe helfen der Verdauung auf die Sprünge, stärken das Immunsystem und kurbeln die Durchblutung an.

Quinoa ist das Glow-Food schlechthin: Es ist glutenfrei, liefert viele Mineralstoffe und Vitamine, ist eine großartige pflanzliche Eiweißquelle und enthält alle neun essenziellen Aminosäuren! Zusammen mit den Kichererbsen und dem Gemüse ergibt das ein perfektes Mittagessen, das sich zudem prima vorbereiten lässt. Einfach in ein Glas abfüllen und am nächsten Tag mit in die Arbeit nehmen.

QUINOA-SALAT
im Glas

Zutaten für 2 Portionen:

FÜR DEN SALAT:

½ Tasse Quinoa

½ TL feines Meersalz

½ TL Kurkuma

½ TL Kreuzkümmel

1 EL Nüsse oder Samen nach Wahl, z. B. Sonnenblumenkerne, Kürbiskerne, Leinsamen

½ reife Avocado

1 Handvoll Cherrytomaten, geviertelt

1 Karotte, klein geschnitten

1 Stück Salatgurke (ca. 10 cm lang), in kleine Würfel geschnitten

2 Handvoll Kichererbsen aus dem Glas, abgetropft

FÜR DAS DRESSING:

3–4 EL Olivenöl

Saft von ½ Zitrone

1 Prise Meersalz und Pfeffer

Zubereitung:

1. Quinoa mit 1 Tasse Wasser und ½ TL Salz circa 15 Minuten köcheln lassen, bis das ganze Wasser aufgesogen ist. Mit einer Gabel auflockern. Kurkuma und Kreuzkümmel untermischen.

2. Nüsse und Samen leicht anrösten, beiseitestellen.

3. Für das Dressing Zitronensaft, Olivenöl, Salz und Pfeffer miteinander verrühren.

4. Avocado, Tomaten, Karotte und Gurke klein schneiden. Kichererbsen dazurühren und mit Dressing übergießen, dann in zwei Weckgläser füllen.

5. Quinoa auf das Gemüse geben, zuletzt die Nüsse und Samen dazugeben und die Gläser verschließen.

Diese leckere Suppe im Einmachglas ist schnell gemacht, und man kann sie sich überall zubereiten, wo es heißes Wasser gibt! Perfekt fürs Büro, für ein Picknick oder sogar auf Reisen. Die Zubereitung ist kinderleicht, und Sie können die Zutaten nach Belieben variieren. Hier als Beispiel eine asiatisch inspirierte Suppe.

ASIA-SUPPE
im Glas

Zutaten für 1 Portion:

FÜR DIE SUPPE:

80–90 g Bandnudeln (japanische Buchweizennudeln oder Glasnudeln)

1 Handvoll Babyspinat

ein paar frische Sprossen

1 Handvoll geriebene Karotten und Zucchini

1–2 Champignons, geviertelt

1 kleines Stück Ingwer (etwa so groß wie ein Daumennagel), gerieben

etwas gehackte Frühlingszwiebel

FÜR DAS DRESSING:

1 EL Sesamöl

1 EL Tamarisoße (schmeckt wie Sojasauce, ist aber glutenfrei)

1 Spritzer Zitrone

1 Prise Chiliflocken

Zubereitung:

1. Die Buchweizennudeln zehn Minuten vorkochen. Bei den Glasnudeln genügt es, wenn Sie diese einfach nur mit kochendem Wasser übergießen und kurz ziehen lassen, bis sie weich sind.

2. Das Gemüse waschen, zerkleinern und mit den Nudeln in ein Einmachglas (ca. 500 ml) schichten.

3. Sesamöl mit Tamarisoße, Zitrone und Chili verrühren und in einem kleinen Glas extra aufbewahren.

4. Im Büro einfach das Glas mit heißem Wasser aufgießen, das Dressing zu den restlichen Zutaten geben und ein paar Minuten ziehen lassen.

Kichererbsen sind kleine Nährstoffbomben: Sie enthalten die Beauty-Vitamine A, C und E sowie Magnesium, Eisen und Zink. Sie sind außerdem sehr ballaststoffreich und eine tolle pflanzliche Proteinquelle. Zusammen mit den Gemüsesticks also alles in allem ein vollwertiges und komplett pflanzliches Glow-Menü!

ZITRONEN-HUMMUS
mit Gemüsesticks

FÜR DIE GEMÜSESTICKS:

Karotte, Gurke, Staudensellerie, Paprika nach Bedarf

Zubereitung:

1. Für das Hummus alle Zutaten in eine Küchenmaschine geben und zu einer glatten Paste verarbeiten.
2. Gemüse waschen, klein schneiden und als Sticks zum Dippen verwenden.

 WISSEN
SESAM

Sesam ist eine tolle Eiweißquelle und besonders reich an Methionin, Cystein und Taurin – wobei es sich um schwefelhaltige Aminosäuren handelt, die an der Bildung von Kollagen beteiligt sind. Sie helfen außerdem, das Bindegewebe zu festigen und Haut, Haare und Nägel gesund nachwachsen zu lassen.

Zutaten für ca. 4 Portionen:

FÜR DAS HUMMUS:

1 Glas Kichererbsen (ca. 350 g)

50 g Tahini (Sesammus im Glas)

1 Knoblauchzehe

1 Msp. Kreuzkümmel

Saft von 1 Zitrone und Abrieb von ½ Zitrone

5 EL Olivenöl

½ TL Meersalz

Bio-Eier sind eine optimale Quelle für kollagenbildende Aminosäuren.
Avocados enhalten reichlich ungesättigte Fettsäuren und viele lebenswichtige Vitamine
wie Biotin (besonders gut für Haut, Haare und Nägel), Vitamin E, Vitamin A,
Alphacarotin und Betacarotin. In Kombination haben wir hier also zwei Beauty-Foods,
die Ihre Haut zum Strahlen bringen!

POCHIERTES EI
mit Avocado und Rucola

Zutaten für 1 Portion:

1 Ei

½ reife Avocado

1 Handvoll Rucola

2 getrocknete Tomaten

1 EL Kürbiskerne (idealerweise kurz angeröstet)

1 EL Kürbiskernöl oder Olivenöl, 1 Schuss Essig

1 Spritzer Zitronensaft

1 Prise Meersalz

Zubereitung:

1. Ei pochieren: Wasser in einem möglichst großen Topf mit einem Schuss Essig aufkochen und anschließend die Temperatur senken. Das Wasser mit einem Löffel rühren, sodass ein Strudel entsteht, in dessen Mitte das Ei einfließen lassen. (Zu kompliziert? Dann einfach nur das Ei weich kochen und danach schälen!)

2. Avocado halbieren, anschließend das Fruchtfleisch mit einem Löffel aus der Schale schaben und mit einer Gabel leicht zerdrücken.

3. Gewaschenen Rucola, getrocknete Tomaten und Kerne grob hacken, mit Zitronensaft, Öl und Meersalz würzen und nestartig auf der Avocado anrichten.

4. Das pochierte Ei nach drei Minuten aus dem Wasser nehmen und kurz auf dem Küchenpapier abtropfen lassen. Dann auf das Rucola-Nest geben und servieren.

TIPP
KEIN BOCK AUF KOHL?

Rucola wirkt wie Kohl oder Brokkoli stark entgiftend. Er enthält viel Folsäure und Vitamin B, die der Zellalterung entgegenwirken und Entzündungen vorbeugen. Bitte unbedingt in Bio-Qualität kaufen, da dieser weniger Nitrat enthält als herkömmlicher Rucola.

Fisch enthält neben Proteinen und Omega-3-Fettsäuren zahlreiche Vitamine, die einen positiven Effekt auf die Haut haben: Vitamin A schützt Haut, Haare und Fingernägel und erneuert die Hautzellen, Vitamin E beugt Altersflecken und Falten vor und stärkt das Bindegewebe. Pantothensäure wirkt beruhigend auf die Haut und fördert das Haarwachstum, Vitamin B_6 reguliert den Fettgehalt von Haut und Haaren.

FISCHFILET
mit Babyspinat und Cherrytomaten

Zutaten für 1 Portion:

150 g Fischfilet, z. B. Heilbutt, Lachs, Kabeljau

2–3 EL Buchweizenmehl

1 EL Kokosöl

1 Scheibe Ingwer

je 1 Handvoll Babyspinat und Feldsalat

3–4 Cherrytomaten

Saft von ½ Zitrone

3 EL Olivenöl

etwas Meersalz und Pfeffer

1 kleine Handvoll Sonnenblumenkerne (idealerweise kurz angeröstet)

Zubereitung:

1. Fischfilet mit kaltem Wasser abwaschen, trocken tupfen und mit Buchweizenmehl bestäuben.

2. 1 EL Kokosöl mit einer Scheibe Ingwer in der Pfanne erhitzen. Dann das Fischfilet dazugeben und kurz von beiden Seiten anbraten.

3. Cherrytomaten, Feldsalat und Babyspinat waschen, Tomaten halbieren und alles auf dem Teller anrichten.

4. Zitronensaft mit Olivenöl und Meersalz verrühren, dann über den Spinat geben.

5. Fisch auf Spinat und Feldsalat anrichten, salzen, pfeffern und mit den gerösteten Kernen garnieren.

Dieses schnelle Gericht liefert eine geballte Ladung Glow-boostender Vitamine und Antioxidantien – Sie brauchen dafür nicht einmal große Kochkünste! Servieren Sie das Ofengemüse als Beilage zu Fisch oder Fleisch, oder mit Hummus und Salat als vollwertiges, komplett pflanzliches Abendessen. Übrig gebliebenes Gemüse können Sie übrigens am nächsten Tag im Büro zu einer Suppe im Glas geben (→ Seite 124).

OFENGEMÜSE

als Beilage oder solo

2 EL Balsamicoessig

½ TL Thymian

Sonnenblumenkerne, Kürbiskerne nach Belieben

1 TL Meersalz und etwas Pfeffer

Zubereitung:

1. Gemüse waschen und putzen, aber nicht schälen.
2. Alles in ca. 2 cm dicke Spalten schneiden.
3. Knoblauch schälen, mit dem Messer zerdrücken.
4. Kokosöl bei geringer Wärmezufuhr schmelzen, dann mit Balsamico und Thymian verrühren.
5. Einen Teil davon über die Süßkartoffeln geben und diese zusammen mit der zerdrückten Knoblauchzehe im Ofen bei 160 °C etwa zehn Minuten vorgaren.
6. Den Rest des Dressings unter das Gemüse mischen.
7. Das Gemüse für circa 15–20 Minuten in den Ofen zu den Kartoffeln geben. Etwa fünf Minuten vor Ende der Garzeit 1 Handvoll Sonnenblumen- oder Kürbiskerne darüberstreuen.
8. Das Gericht aus dem Ofen nehmen und mit Meersalz und Pfeffer abschmecken.

Zutaten für 2 Portionen:

1 große Süßkartoffel

2 Karotten

1 rote Paprika

5–7 Stangen grüner Spargel

1 Knoblauchzehe

4 EL Kokosöl

Ein schnelles Abendessen, das sich praktisch von alleine kocht!
Diese cremige, süßliche Gemüsesuppe enthält viel zellschützendes Betacarotin und
Vitamin E! Ingwer, Kurkuma und Knoblauch wirken enzündungshemmend und verhelfen
somit zu einem klaren Teint. Eignet sich auch bestens zum Einfrieren!

CREMIGE GEMÜSESUPPE
mit Kürbis und Süßkartoffeln

Zutaten für ca. 3–4 Portionen:

500 g Hokkaidokürbis

400 g Süßkartoffel (Batate)

1 Knoblauchzehe

1 daumengroßes Stück Ingwer

1 TL Kurkuma

2 EL Kokosöl

100 ml Kokosmilch

2 TL Meersalz

1 Prise Pfeffer

Zubereitung:

1. Kürbis und Süßkartoffeln waschen, Süßkartoffeln zusätzlich schälen. Dann alles grob in Würfel schneiden (circa 2 cm Kantenlänge).

2. Knoblauchzehe schälen und mit dem Messer zerdrücken, dann mit dem Ingwer und Gemüse in einen Bräter geben. Zum Schluss das Kokosöl unterrühren.

3. Nun alles bei 160 °C Umluft etwa 30 Minuten im Ofen garen lassen.

4. Den Bräter aus dem Ofen nehmen und den Inhalt in einen großen Topf umfüllen. 500 ml Wasser und die Kokosmilch einrühren, dann alles pürieren und circa 15 Minuten weiterköcheln lassen.

5. Mit Salz, Pfeffer und Kurkuma abschmecken.

6. Die Suppe durch ein Sieb passieren und servieren.

Wenn ich nach einem langen Tag keine Lust zu kochen habe, ist dieses Gericht die perfekte Lösung! Das supereinfache, vegane Curry ist schnell zubereitet und schmeckt auch am nächsten Tag noch lecker. Legen Sie sich einfach eine Portion fürs Büro beiseite ...

KICHERERBSEN-CURRY
mit Spinat

Zutaten für 2–3 Portionen:

400–500 g frische Tomaten

1 Knoblauchzehe

1 EL Kokosöl

1 Glas Kichererbsen (abgetropft ca. 350 g)

1 gehäufter TL Currypulver

1 TL Meersalz, etwas Pfeffer

1 Handvoll Cashews

3 Handvoll frischer Babyspinat

OPTIONAL:

1 EL Kokosjoghurt zum Verfeinern

Zubereitung:

1. Tomaten blanchieren. Diese hierfür kreuzförmig einschneiden, mit kochendem Wasser übergießen und kurz auskühlen lassen. Die Schale lässt sich so ganz leicht abziehen. Tomaten klein würfeln.

2. Anschließend den Knoblauch klein hacken und in einer Pfanne mit heißem Kokosöl kurz anbraten.

3. Kichererbsen abtropfen lassen. Zusammen mit den Tomaten in die Pfanne geben, mit Currypulver, Salz und Pfeffer würzen und 15 Minuten köcheln lassen.

4. Währenddessen die Cashewkerne in einer weiteren Pfanne kurz anrösten.

5. Zuletzt den Blattspinat zum Curry geben, kurz zusammenfallen lassen, Cashewkerne hinzugeben. Optional mit 1 EL Kokosjoghurt verfeinern.

Einen ganzen Monat ohne Schokolade leben? Für mich undenkbar! Deswegen musste natürlich auch ein simples Rezept für hausgemachte Superfood-Schoki her. In diesem Rezept verwende ich etwas Dattel- oder Ahornsirup. Denn ganz ehrlich – Schokolade, die nicht ein bisschen süß schmeckt, ist auch nicht wirklich befriedigend. Der geringe Zuckergehalt wird durch die geballte Ladung Nährstoffe im Kakao und in den Toppings wieder wettgemacht. Naschen für den Glow, ganz ohne Reue!

SCHOKOLADE
und trotzdem Superfood

OPTIONAL ZUM BESTREUEN:

Ihrer Fantasie sind keine Grenzen gesetzt! Hier ein paar besonders leckere Alternativen: Meersalzflocken, gehackte Nüsse, z. B. Pistazien oder Walnüsse, Kokoschips, Kakaonibs, getrocknete Gojibeeren, Zitruszesten, Chiliflocken.

Zubereitung:

1. Kakaobutter im Wasserbad schmelzen. Anschließend Ahorn- oder Dattelsirup dazugeben und gut verrühren. Die Mischung vom Herd nehmen.
2. Kakaopulver wie auch Gewürze einrühren und so lange rühren, bis sich alle Klumpen aufgelöst haben. Abschmecken und bei Bedarf »nachwürzen«.
3. Ein Backblech mit Backpapier auslegen, Schokolade darauf gießen und verstreichen. Mit Mandeln, Kokoschips, Gojibeeren oder Kakaonibs bestreuen. In den Kühlschrank stellen und aushärten lassen.
4. Nach dem Abkühlen in kleinere Stücke brechen.

Zutaten für ca. 300 g:

200 g fein gehackte Kakaobutter

3–4 EL Dattel- oder Ahornsirup

50 g Kakaopulver

1 MSP Meersalz

1 TL Vanillepulver, alternativ auch etwas Kardamom oder andere Gewürze (nach Geschmack)

 TIPP
GUT PORTIONIERT

Sie können die Schokolade auch in Muffinformen aus Papier füllen, so erhalten Sie kleine, praktische Tafeln.

Wer hat behauptet, Kuchen wäre ungesund? Dieser knusprige Crumble besteht nur aus nährstoffreichen, pflanzlichen Zutaten und kommt ganz ohne Zucker, Butter und glutenhaltiges Mehl aus. Blaubeeren und Erdbeeren stecken voller Antioxidantien und sind daher perfekt für den Crumble geeignet, aber auch jedes andere süße Obst wie Äpfel, Birnen oder Pfirsiche schmeckt hier fantastisch. Der Crumble ist außerdem ganz schnell gemacht und somit die perfekte Wahl, wenn sich mal spontaner Besuch ankündigt!

BEEREN-CRUMBLE

gluten- und zuckerfreier Kuchengenuss

Zutaten für 1 Crumble:

300 g gemischte Beeren (falls außerhalb der Saison, ist auch Tiefkühlware in Ordnung)

100 g glutenfreie Haferkleie

20 g Kokosflocken

80 g Kokosöl

1 TL Vanillepulver oder das Mark ½ Schote

1 MSP Zimt

1 Prise feines Meersalz

Zubereitung:

1. Beeren waschen, Obst gegebenenfalls waschen, schälen und klein schneiden, dann mit einer Prise Zimt und der Vanille verrühren und gleichmäßig auf dem Boden der Backform verteilen.

2. In einer Schüssel Haferkleie mit Kokosflocken, Kokosöl und einer Prise Meersalz mischen. Mischung mit einem Löffel locker auf dem Obst verteilen.

3. Bei 180 °C circa 25–30 Minuten bei Ober- und Unterhitze im Ofen backen, bis das Topping leicht angebräunt und knusprig ist.

4. Den Crumble aus dem Ofen nehmen, etwas auskühlen lassen und servieren.

TIPP
SAHNIGER GENUSS

Probieren Sie zum Crumble doch einfach mal eine Kokossahne! Dazu einfach kalte Kokosmilch wie normale Sahne aufschlagen. Je nach Produkt wird die Sahne nur mehr oder weniger fest, sie schmeckt aber in jedem Fall himmlisch zum Crumble!

Jeder weiß, dass ausreichend Flüssigkeit für den Glow absolut wichtig und unverzichtbar ist. Umso besser, wenn man sie auch als leckeres Eis zu sich nehmen kann. Unsere Variante ist natürlich milch- und zuckerfrei, steckt dafür aber voller Vitamine und Antioxidantien! Sie brauchen dafür keine Eismaschine, sondern nur ein paar einfache Eisförmchen, die sie befüllen und in den Gefrierschrank stellen.

ICE-POPS
in zwei Varianten

Zubereitung, Variante 1:

1. Melone aufschneiden, Fruchtfleisch auslösen und Kerne entfernen. Gurke schälen.
2. Limette auspressen, zu Melone und Gurke geben.
3. Melone, Gurke und Limettensaft miteinander pürieren und in die Formen einfüllen, einfrieren.

Zubereitung, Variante 2:

1. Ananas pürieren.
2. Kokosmilch in einem kleinen Topf erwärmen, bis das Kokosfett obenauf komplett flüssig ist.
3. Kokosmilch zur Ananas geben. Anschließend die Mischung in Eisbehälter füllen, abkühlen lassen und in den Gefrierschrank geben.

Zutaten für ca. 6 Förmchen (je nach Größe auch mehr):

VARIANTE 1: MELONE & GURKE

200 g süße, reife Wassermelone

100 g Salatgurke

Saft von ½ Limette

VARIANTE 2: ANANAS & KOKOSMILCH

200 g reife Ananas

100 ml Kokosmilch

Diese kleinen Pralinen machen nicht nur optisch was her! Datteln wirken feuchtigkeitsspendend auf die Haut und sind reich an Vitamin B$_3$ (Niacin), das UV-Schäden repariert. Sie enthalten viel Vitamin E, das vor freien Radikalen und damit vor vorzeitiger Hautalterung schützt. Walnüsse glänzen mit einer Kombination aus Kalzium, Kalium, Magnesium, Zink, Eisen sowie Vitamin E. Außerdem steckt in ihnen Pantothensäure, die für eine glatte Haut sorgt.

SUPERFOOD BALLS
gesunder Snack für zwischendurch

Zubereitung:

1. Datteln etwa 30 Minuten lang in Wasser einweichen. Wasser anschließend abgießen.

2. Datteln mit allen anderen Zutaten in der Küchenmaschine pürieren, bis eine glatte Masse entstanden ist. Für circa 20 Minuten in den Kühlschrank stellen.

3. Anschließend die Masse zwischen den Handflächen zu kleinen Kugeln rollen.

4. Toppings auf Teller oder Backpapier auslegen und die Kugeln vorsichtig darin wälzen.

5. Die Superfood Balls halten sich circa eine Woche, wenn sie im Kühlschrank aufbewahrt werden.

Zutaten für ca. 12 Bällchen:

1 Tasse Datteln ohne Kern

½ Handvoll Walnüsse

3 TL Kakaopulver

1 TL Macapulver

1 EL Nussmuss, z. B. Cashew- oder Mandelmus

1 Prise feines Meersalz

Topping je nach Belieben (siehe Tipp)

VERSCHIEDENE TOPPINGS

Kokosflocken, Kakaonibs, klein gehackte Walnüsse, getrocknete Gojibeeren oder Pistazien sehen nicht nur hübsch aus, sondern liefern auch wertvolle zusätzliche Nährstoffe für die Haut. Mit einer Goldenen Milch (→ Seite 120) oder einem Matcha Latte (→ Seite 122) sind die Superfood Balls ein perfekter Nachmittagssnack, der Ihre Zuckergelüste ganz gesund befriedigt.

Selbst gemachtes Popcorn ist ein schnell zubereiteter und supergesunder Snack voller Ballaststoffe und Antioxidantien. Kokosöl und Rosmarin verleihen dem Popcorn eine ganz besondere, feine Note. Außerdem ist Rosmarin ein tolles Heilkraut, das die Verdauung fördert und entgiftend wirkt.

Kürbiskerne schmecken nicht nur unglaublich lecker, sie enthalten auch viel Zink, das für reine Haut sorgt. Zusammen mit dem entzündungshemmenden Currypulver sind die Spicy Pumpkin Seeds somit der perfekte Snack für eine reine, klare Haut und strahlenden Teint!

POPCORN
mit Meersalz und Rosmarin

Zutaten für eine große Schüssel Popcorn:

60 g (ca. 2 Handvoll) Popcorn-Mais | 4 EL Kokosöl | 1 TL feines Meersalz | 1 Zweig frischer Rosmarin

Zubereitung:

1. Zunächst 1 EL Kokosöl in einem Topf erhitzen. Popcorn-Mais in den Topf geben. Deckel aufsetzen, Hitze aufdrehen und warten, bis der Mais poppt. Den Topf immer wieder kurz schütteln, damit auch möglichst alle Maiskörner aufgehen.
2. Rosmarin und 3 EL Kokosöl in einen zweiten Topf geben. Das Kokosöl bei geringer Hitze schmelzen. Rosmarinzweig herausfischen, Salz einrühren und das Gemisch mit einem Löffel über das Popcorn träufeln.

SPICY
Pumpkin Seeds

Zutaten für ca. 70 g:

70 g Kürbiskerne | 1 TL Meersalz | ½ TL schwarzer Pfeffer, gemahlen | 1 MSP Curry | 1 EL Olivenöl

Zubereitung:

1. In einer Schüssel die Gewürze mit dem Olivenöl verrühren, bis eine glatte Paste entstanden ist.
2. Die Kürbiskerne dazugeben und gut umrühren.
3. Alles auf ein Backblech geben und 40–50 Minuten bei 130 °C Oberhitze rösten.

GLOSSAR

ANTIOXIDANTIEN

Antioxidantien können freie Radikale neutralisieren. Letztere verursachen biochemische Reaktionen im Körper, die unter anderem zu Schäden der Haut und zur Hautalterung führen können. Somit sind Antioxidantien für das straffe, jugendliche Aussehen der Haut unverzichtbar.

ÄTHERISCHE ÖLE

Ätherische Öle sind hoch konzentrierte, pflanzliche Inhaltsstoffe aus Früchten, Blüten, Blättern, Wurzeln, Harzen oder Holzen. Tragen Sie diese daher nur in verdünnter Form auf die Haut auf. Zudem sind die Extrakte stark flüchtig, weshalb sie in der Regel erst während der Abkühlphase zu einer Rezeptur hinzugefügt werden.

BASISÖLE

Basisöle als Grundlage der meisten Rezepturen werden aus Pflanzen gewonnen und sind reich an hochwertigen Inhaltsstoffen wie essenziellen Fettsäuren und Vitaminen. Sie helfen, die empfindlichen Wirkstofföle zu stabilisieren oder die stark wirksamen ätherischen Öle zu verdünnen.

BIENENWACHS

Das Stoffwechselprodukt der Honigbiene wird als Konsistenzgeber für Cremes und Lotionen eingesetzt und bildet einen zarten Schutzfilm, der vor Feuchtigkeitsverlust und Witterungseinflüssen schützt. Das ist besonders bei trockener, spröder oder gereizter Haut sehr angenehm. Veganer können Bienenwachs durch Candelilla-, Carnauba- oder Beerenwachs ersetzen.

BLÜTENWASSER (HYDROLAT)

Blütenwasser, auch Hydrolate genannt, fallen als Nebenprodukt bei der Wasserdampfdestillation von Pflanzen an. Sie stellen das Kondensat dar, das sich nach Abkühlung des Destillationsdampfes niederschlägt. Neben einem geringen Teil ätherischer Öle sind darin insbesondere die wasserlöslichen Inhaltsstoffe der jeweiligen Pflanze enthalten. In der Hautpflege lassen sie sich pur als Gesichtswasser anwenden oder dienen als Grundlage für Cremes und Lotionen.

ELASTIN

Elastin ist ein elastisches Faserprotein, das aufgrund seiner speziellen chemischen Struktur um das Mehrfache seiner normalen Länge dehnbar ist. Wie auch das Kollagen zählt es zu den sogenannten Strukturproteinen, die dem Organismus Form und Halt geben. Beide sind vor allem im Bindegewebe enthalten. Durch den Verbund von Kollagen und Elastin zu einem Fasernetz wird die Haut gleichzeitig elastisch und reißfest, da sich die Eigenschaften der beiden Strukturproteine optimal ergänzen.

ESSENZIELLE FETTSÄUREN

Essenzielle Fettsäuren braucht der menschliche Körper zum Überleben, kann sie aber selbst nicht herstellen. Distel-, Traubenkern- oder Sonnenblumenöl sind zum Beispiel besonders reich an Linol- bzw. Linolensäure. In kosmetischen Produkten finden essenzielle Fettsäuren insbesondere in Cremes oder Lotionen für trockene, raue und empfindliche Haut Anwendung.

FREIE RADIKALE

Freie Radikale sind sauerstoffhaltige Moleküle, denen ein Elektron fehlt. Das macht sie instabil und hoch reaktiv. Zur Komplettierung ihrer chemischen Struktur suchen sie nach einem passenden Elektron, das sie einem intakten Molekül entreißen. Diesen Vorgang bezeichnet man als Oxidation. Da hierbei wiederum eine Verbindung mit unvollständiger Elektronenzahl entsteht, setzt sich der Prozess in einer Kettenreaktion fort. Dabei kommt es zu Schäden an den Zellen, deren DNA, Proteinen und Lipiden. Antioxidantien sind in der Lage, diese Kettenreaktion zu unterbrechen und die Zellen zu schützen. Freie Radikale entstehen unter natürlichen Bedingungen bei der Energiegewinnung in den Zellen. Chemische und physikalische Einflüsse von außen, wie beispielsweise UV-Strahlung, Umweltbelastungen oder Zigarettenrauch, lassen jedoch deutlich mehr dieser hoch reaktiven Verbindungen entstehen, der Körper gerät deshalb unter oxidativen Stress. Neben anderen weitreichenden Folgen gilt dieser als hauptsächlicher Verursacher der Hautalterung.

GLYZERIN

Dieser Zuckeralkohol bindet Wasser und hält somit die Feuchtigkeit in den Zellen der Haut. Dadurch wird die Haut weich und erhält mehr Elastizität. Achten Sie beim Kauf darauf, dass das Glyzerin pflanzlichen Ursprungs ist.

KOKOSÖL

Dieses Basisöl ist bei Zimmertemperatur fest, deshalb spricht man auch von Kokosfett. Es schmilzt allerdings schon bei circa 24 °C, was beim Auftragen auf die Haut einen angenehm kühlenden Effekt verursacht. Kokosöl zieht schnell in die Haut ein, schützt vor Austrocknung und hinterlässt ein glattes, geschmeidiges Hautgefühl. Zusätzlicher Vorteil: Kokosöl ist beim Kochen und Backen ein Superfood, da es selbst bei hohen Temperaturen stabil bleibt.

KOLLAGEN

Kollagen ist ein Struktureiweiß, das sich besonders im Bindegewebe der Haut findet. Zusammen mit Elastin, einem weiteren Strukturprotein, bildet es ein Fasernetz und verleiht der Haut auf diese Weise Festigkeit und Elastizität. Der Körper bildet zwar täglich neues Kollagen,

allerdings nimmt die Kapazität hierzu im Laufe der Jahre ab. Somit entstehen Falten.

LAKTOSE

Laktose ist die Bezeichnung für den in der Milch von Säugetieren (und damit auch des Menschen) vorkommenden Zucker. Für die Verdauung von Milchzucker ist das Enzym Laktase notwendig. Im Gegensatz zu Jungtieren und Säuglingen weisen erwachsene Individuen deutlich geringere Aktivitäten dieses Enzyms auf. Wird bei Aufnahme großer Mengen von Milchprodukten die Verdauungskapazität für Laktose überschritten oder liegt ein genereller Mangel an dem Enzym Laktase vor, kann es zu Verdauungsbeschwerden und Unverträglichkeiten kommen, was man gemeinhin als Laktoseintoleranz bezeichnet.

SHEABUTTER

Die reichhaltige Pflanzenbutter wird aus der Nuss des Karitébaumes gewonnen. Sie ist ein stark pflegender Konsistenzgeber in Cremes und Lotionen, kann aber auch pur aufgetragen werden. Ihre pflegende und schützende Wirkung hilft bei trockener, schuppiger Haut und wirkt gegen Neurodermitis oder Schuppenflechte.

TONERDEN

Es gibt verschiedene Tonerden, die aber alle während der letzten Eiszeit entstanden sind: Gestein wurde durch Gletscher zu einem feinen Staub zermahlen, der sich tief unter der Erdoberfläche – fernab von schädlichen Umwelteinflüssen – abgelagert hat. Tonerde enthält keine Zusatzstoffe und zeichnet sich durch einen hohen Gehalt an Mineralien und Spurenelementen aus. Sie wirkt wie ein Schwamm und nimmt Schmutz, überschüssiges Fett und abgestoßene Hautschüppchen auf – die Haut sieht dadurch klarer und rosiger aus. Wir verwenden Tonerde als Basis für hautklärende Masken und Reiniger.

DIE WICHTIGSTEN ÄTHERISCHEN ÖLE

ÄTHERISCHES ÖL	WIRKUNG AUF DIE HAUT	WIRKUNG AUF DIE PSYCHE
Geranium (aus den Blättern der Rosengeranie)	reinigend, entzündungshemmend, zellregenerierend → beruhigt die Haut und lässt den Teint strahlen	entspannend, ausgleichend, gegen depressive Verstimmungen
Grapefruit (aus den Schalen der Früchte)	entzündungshemmend, durchblutungsfördernd, klärt und strafft die Haut → bei unreiner, öliger Haut und Akne, beugt Cellulite vor	erfrischend, belebend, schafft klare Gedanken
Lavendel (aus der gesamten Pflanze)	antibakteriell, entzündungshemmend, durchblutungsfördernd, zellregenerierend → für alle Hauttypen geeignet, auch in der Schwangeren- und Babypflege einsetzbar	beruhigend, hebt die Stimmung, löst Ängste, schlaffördernd
Mandarine Rot (aus der Schale der reifen Früchte)	antiseptisch, hautregulierend, strafft die Haut → bei unreiner, öliger Haut und Akne, beugt Schwangerschaftsstreifen vor, hilft gegen Cellulite	aufmunternd, energiespendend, entspannend, löst Ängste
Orange Süß (aus den Schalen reifer Orangen)	reinigend, adstringierend, klärt und strafft die Haut → für alle Hauttypen geeignet, beugt Cellulite vor, gegen Hautalterung	hebt die Stimmung, gegen depressive Verstimmungen, löst Ängste
Pfefferminze (aus den Blättern der Pflanze)	kühlend, antiseptisch, entzündungshemmend, durchblutungsfördernd, zellregenerierend → bei unreiner, öliger Haut und Akne	belebend, konzentrationsfördernd, gibt Selbstvertrauen
Rose Absolue (aus den Blütenblättern der Rose)	antiseptisch, entzündungshemmend, zellregenerierend, glättet die Haut → für alle Hauttypen geeignet, beugt der Hautalterung vor	harmonisierend, entspannend, gegen depressive Verstimmungen, sorgt für positive Gedanken
Rosmarin (aus dem blühenden Gewürzkraut)	antiseptisch, entzündungshemmend, durchblutungsfördernd, zellregenerierend → bei unreiner, öliger Haut und Akne	belebend, vitalisierend
Teebaumöl (aus den Blättern des australischen Teebaumes)	stark antiseptisch, entzündungshemmend, adstringierend, talgregulierend, strafft die Haut → bei unreiner, öliger Haut und Akne	anregend, stabilisierend, löst Ängste
Zeder (aus der Rinde der Atlaszeder)	antiseptisch, entzündungshemmend, durchblutungsfördernd, zellregenerierend, strafft die Haut → bei unreiner, öliger Haut und Akne, beugt Cellulite vor	entspannend, beruhigend, harmonisierend, löst Ängste

ÜBERSICHT DER VERWENDETEN ZUTATEN MIT BEZUGSQUELLEN

WIRKSTOFFGRUPPE	ZUTATEN	BEZUGSQUELLEN
Basisöle (→ Seite 47)	Arganöl, Aprikosenkernöl, Distelöl, Jojobaöl, Kokosöl, Macadamiaöl, Mandelöl, Olivenöl, Rizinusöl, Sesamöl, Sonnenblumenöl	gut sortierte Supermärkte, Biomarkt, Reformhaus, Webshops
Wirkstofföle (→ Seite 47)	Granatapfelkernöl, Hanföl, Nachtkerzenöl, Traubenkernöl, Wildrosenöl	gut sortierte Supermärkte, Biomarkt, Reformhaus, Apotheke, Webshops
Ätherische Öle (→ Seite 49–50)	(→ linke Seite)	größere Biomärkte, Reformhäuser, Apotheken, Webshops
Hydrolate (→ Seite 48)	Hamamelis, Lavendel, Orange, Pfefferminze, Rose, Salbei, Thymian	größere Biomärkte, Apotheke, Webshops
Konsistenzgeber → Seite 47–48	Bienenwachs, Kakaobutter, Sheabutter	Biomarkt, Reformhaus, Apotheke, Imker (Bienenwachs), Webshops
Tonerden (→ Seite 48)	Bentonit (grau), Kaolin (weiß), grüne Tonerde	Apotheke, Reformhaus, Webshops
Feuchtigkeitsspender (→ Tipp, Seite 74)	Aloe-vera-Gel, Glyzerin	Reformhaus, Apotheke, Webshops
Superfood für die Haut	Macapulver (→ Tipp, Seite 121), Matchapulver, Manuka-Honig (→ Tipp, Seite 69)	Reformhaus, Webshops, Teeläden (Matchapulver)
Detox-Mittel	Bittersalz	Apotheke
Konservierungsmittel, Desinfektion (→ Seite 51)	Weingeist	Apotheke, Webshops

SERVICE

BEZUGSQUELLEN

Naturkosmetik-Rohstoffe wie Öle, Pflanzenbutter, Tonerde und Zubehör zum Herstellen von Naturkosmetik finden Sie hier:
www.the-glow.de
www.dragonspice.de
www.manske-shop.com
Nahrungsergänzungsmittel und Superfoods wie Maca, Matchapulver etc. finden Sie in Bioläden, Reformhäusern und online:
www.goodme.de
www.vitafy.de

LITERATUR

Über die Grundlagen zur Naturkosmetik informieren folgende Bücher:

Bechloch, Anita: *The Glow – Naturkosmetik selber machen.* Gräfe und Unzer Verlag, München.
Käser, Heike: *Naturkosmetische Rohstoffe.* Freya-Verlag, Linz.
Nübling, Kurt Ludwig: *Aromatherapie für Einsteiger – Die gebräuchlichsten ätherischen Öle auf einen Blick.* Koha-Verlag, Burgrain.
Weitere Infos zu gesunder Ernährung gibt's hier:
Frey, Hannah: *Clean Eating Basics. Der natürliche Weg für ein neues Lebensgefühl.* Gräfe und Unzer Verlag, München.
Göbl, Ulrike: *Clean Eating. Pur essen – gesünder leben.* Gräfe und Unzer Verlag, München.
Richon, Christina: *Less Sugar.* Gräfe und Unzer Verlag, München.
Staabs, Nicole: *Detox – Das Kochbuch.* Gräfe und Unzer Verlag, München.
Wie Sie sich Bewegung und Entspannung verschaffen können, verraten folgende Bücher:
Bartram, Sean: *HIIT – High Intensity Interval Training für Frauen.* DK Verlag, München.
Imparato, Lauren: *RETOX – Dein Leben in Balance!* Gräfe und Unzer Verlag, München.

ADRESSEN

BDIH Bundesverband der Industrie- und Handelsunternehmen für Arzneimittel, Reformwaren, Nahrungsergänzungsmittel und kosmetische Mittel e. V., L 11, 20–22, 68161 Mannheim, www.bdih.de
Ecocert Kontroll- und Zertifizierungsstelle für nachhaltige Entwicklung in Deutschland, Güterbahnhofstr. 10, 37154 Northeim, www.ecocert.de

TIPPS UND TRICKS

www.bund.net/toxfox Eine App, mit der Sie checken können, ob hormonmanipulierende Chemikalien in einem Produkt stecken.
www.civita-coaching.de Blog der Ernährungsberaterin Amrei Korte mit vielen Tipps und Rezepten für eine gesunde Ernährung.
www.kontrollierte-naturkosmetik.de/naturkosmetik.htm Wichtige Infos zu Kontrollen und Prüfzeichen auf Kosmetik.
www.the-glow.de Hier finden Sie alles, was Sie für die Zubereitung der Rezepte in diesem Buch brauchen - und noch einiges mehr.

WICHTIGE HINWEISE

Die werden Sie auch lieben.

ISBN 978-3-8338-4173-6

ISBN 978-3-8338-5261-9

ISBN 978-3-8338-5690-7

ISBN 978-3-8338-5339-5

ISBN 978-3-8338-5022-6

ISBN 978-3-8338-4805-6

 Auch als eBook erhältlich.

Mehr von GU auf **www.gu.de** und
facebook.com/gu.verlag

Willkommen im Leben.

IMPRESSUM

DIE AUTORIN

Anita Bechloch, TV Producerin sowie ehemalige Journalistin und Art Direktorin, machte sich aufgrund diverser Allergien auf die Suche nach einem gesünderen und vereinfachten Leben. Dabei kam sie buchstäblich auf den Geschmack, Naturkosmetik selbst herzustellen. Einen ganzheitlichen Ansatz, wie man die Haut von außen und innen verbessern kann, möchte sie in diesem Buch vorstellen.

DER FOTOGRAF

Jochen Arndt arbeitet seit vielen Jahren weltweit als Fotograf für internationale Kunden und Verlage. Wenn er nicht auf Reisen ist, verbringt er seine Freizeit gerne mit Kochen und mit seinem Hund. Infos unter www.jochenarndt.com

BILDNACHWEIS

Alle Fotos in diesem Buch sowie das Cover stammen von **Jochen Arndt,** mit Ausnahme von **Alamy:** 88; **Getty Images:** 15, 39, 42, 87, 111; **Shutterstock:** 13; **Stocksy:** 16, 18, 20, 21, 29, 135-1. Die Illustrationen stammen von Annika Heine.

Syndication:
www.seasons.agency

Projektleitung: Cornelia Nunn
Lektorat: Dr. Stefanie Gronau
Korrektorat: Jutta Weikmann
Bildredaktion: Petra Ender
Innen- und Umschlaggestaltung: independent Medien-Design, Horst Moser, München
Herstellung: Mendy Willerich
Satz: Reemers Publishing Services GmbH, Krefeld
Reproduktion: Longo AG, Bozen
Druck und Bindung: Firmengruppe APPL, aprinta druck, Wemding

Printed in Germany
1. Auflage 2017
ISBN 978-3-8338-5853-6

 www.facebook.com/gu.verlag

Liebe Leserin, lieber Leser,

haben wir Ihre Erwartungen erfüllt? Sind Sie mit diesem Buch zufrieden? Haben Sie weitere Fragen zu diesem Thema? Wir freuen uns auf Ihre Rückmeldung, auf Lob, Kritik und Anregungen, damit wir für Sie immer besser werden können.

GRÄFE UND UNZER Verlag
Leserservice
Postfach 86 03 13
81630 München
E-Mail:
leserservice@graefe-und-unzer.de

Telefon: 00800 / 72 37 33 33*
Telefax: 00800 / 50 12 05 44*
Mo–Do: 9.00 – 17.00 Uhr
Fr: 9.00 – 16.00 Uhr
(* gebührenfrei in D, A, CH)

Ihr GRÄFE UND UNZER Verlag
Der erste Ratgeberverlag – seit 1722.

Umwelthinweis:
Dieses Buch ist auf PEFC-zertifiziertem Papier aus nachhaltiger Waldwirtschaft gedruckt.

GRÄFE UND UNZER

Ein Unternehmen der
GANSKE VERLAGSGRUPPE